Héctor Torres

DESENMASCAREMOS las Tinieblas de Este Siglo

BETANIA
Un Sello de Editorial Caribe

Betania es un sello de Editorial Caribe

Una división de Thomas Nelson
P.O. Box 141000
Nashville, TN 37214-1000

ISBN-10: 0-88113-395-7
ISBN-13: 978-0-88113-395-0

Impreso en EE.UU.
Printed in the U.S.A.

E-mail: caribe@editorialcaribe.com
www.caribebetania.com

6ª Impresión

«Este es un libro que muestra claramante los métodos y las estrategías para hacer que las fuerzas del mal retrocedan.»

Rev. Omar Cabrera, Presldente y Fundador. Vision del Futuro, Argentina

«El equllibrio teólogico, Bíblico y práctico, matizado con excelentes aportes históricos, hacen de esta obra un manual maravilloso sobre la guerra espiritual»

Rev. Héctor Pardo, Presidente. CONELA

«Recomiendo el libro como una herramienta útil a pastores, evangelistas y obreros en el mundo latino»

Rev. Paul Landry Pres. Misión Latinoamericana. (L.A.M.)

«El estudio de estos principios será clave para la victoria en la evangelización mundial»

Pastor Eduardo Elmasian. Fundador Red de Avivamlento Hispano

«Este libro retará al cristiano más debil a creer que actualmente puede descubrir estrategias del enemigo...en la iglesia, en su ciudad y en su nación...»

Rev. Loreto A. DiCesare, Director Cadena Internacional de Intercesores

«Una de las enseñanzas que aprecié...Dios me ha llamado a interceder por la ciudad a la que El me ha llamado...»

Dr. Idillo Pardillo E. Director Amistad Cristiana, Mexico, D.F.

«Está literalmente muy bien elaborado, bíblicamente por completo fundamentado en la Palabra de Dios...»

Rev. Humberto Cruz. Pastor Iglesia Bautista Hispana Emmanuel. Miami, FL.

«Una estrategia para identificar a las huestes de tinieblas sobre nuestras ciudades y naciones, como también el secreto al poder y autoridad para derribarlos y derrotarlos.»

Rev. Randy McMillan, Pastor y Fundador Iglesias Comunidad Cristiana de Fe

DEDICATORIA

Dedico este libro a las seis mujeres que han influido grandemente en mi vida. En primer lugar, a mi esposa, su amor y oraciones han podido apagar los dardos del maligno. A mis hijas Heidy y Lissette. A través de ellas he aprendido lo que significa el amor incondicional y con las cuales he experimentado el sufrimiento y el gozo de un padre. A mis nietas Tiana y Monique que han traído a mi vida la incomparable felicidad de ser abuelo. Y a mi madre, guerrera de intercesión y víctima de la furia del enemigo cuando se publicó mi primer libro, quien a pesar de tres infartos cerebrales en menos de quince días, hoy se encuentra caminando y orando siempre por las necesidades del pueblo de Dios.

También quiero reconocer a mis hermanos de la iglesia «Palabra de Gracia», quienes a pesar de un furioso ataque del enemigo se han mantenidos firmes en la fe.

AGRADECIMIENTOS

Este libro ha sido posible por las oraciones, el apoyo y el amor en Cristo de personas como William y Tina Zayas, quienes a pesar de grandes obstáculos, han demostrado lo que significa ser fieles. Por el arduo trabajo de Benjamín Flores, de la iglesia «Word Of Grace», en la preparación de este manuscrito. Y a mis fieles apoyos como la Dra. Mary Ruth Swope, Mike y Cathy Moss, Jerry y Judy White, Ed y Linda D'Avola y otros más.

Quiero reconocer el aporte espiritual que han dado a mi vida personas como Alberto Mottesi, el Dr. C. Peter Wagner, mi pastor Gary Kinnaman, George Otis, Jr., cuyas enseñanzas de Cartografía Espiritual me dieron una dirección para el material de este libro, así como a mi buen amigo y asesor Horacio De La Vega.

Finalmente, quiero reconocer a todos mis intercesores personales en La Red de Guerra Espiritual y en diferentes ciudades y naciones de Latinoamérica y Estados Unidos, los cuales se han comprometido a interceder por mí y por mi familia. Por favor, no cesen de orar por nosotros, pues ahora más que nunca necesitamos su cobertura de oración.

CONTENIDO

PRÓLOGO

Con gran alegría quiero presentar y recomendar altamente este nuevo libro de mi compañero Héctor Torres, *Desenmascaremos las tinieblas de este siglo.*

Al leerlo, me hace pensar en 2 de Reyes 6.15-17: «Y se levantó de mañana y salió el que servía al varón de Dios, y he aquí el ejército que tenía sitiada la ciudad, con gente de a caballo y carros. Entonces su criado le dijo: ¡Ah, señor mío! ¿qué haremos? Él le dijo: No tengas miedo, porque más son los que están con nosotros que los que están con ellos. Y oró Eliseo, y dijo: Te ruego, oh Jehová, que abras sus ojos para que vea. Entonces Jehová abrió los ojos del criado, y miró; y he aquí que el monte estaba lleno de gente de a caballo, y de carros de fuego alrededor de Eliseo».

Como nunca antes, necesitamos tener ojos que sepan ver; que sepan ver al Señor y sus grandes obras.

Creo que estamos marchando hacia el más grande avivamiento de toda la historia. Ahora bien, quizás este avivamiento tendrá algunas características que no nos son muy atractivas. Tendremos que ser humildes y nunca mirar con desprecio a creyentes que actúen diferente a nosotros. La gran necesidad de hoy es la unidad del Cuerpo de Cristo. No necesitamos ni queremos dividirnos jamás por expresiones o estilos diferentes.

Algo de lo que estoy seguro es que, si el avivamiento es bíblico, producirá por lo menos cuatro actitudes: un profundo amor al Señor que nos llevará a una vida de genuina adoración, una santidad práctica que impactará nuestra vida, una incontenible pasión evangelizadora y un involucramiento en el mundo que producirá notables cambios sociales.

Cuando abrimos los ojos, vemos que en la actualidad hay tres características relevantes del trabajo del Espíritu Santo en América Latina.

En primer lugar, *está uniendo a su Iglesia*. Por supuesto, todavía hay mucho terreno que recorrer en este sentido, pero gracias a Dios hoy en muchas partes del continente respiramos un clima nuevo de unidad. De todas las persuasiones teológicas hemos venido a ser un Cuerpo. Nos damos cuenta que es mucho más lo que nos une que lo que nos separa. Somos una familia y un solo pueblo.

Y más se nos hace claro que nunca podríamos tomar ciudades para Dios a menos que nos unamos. El profeta Joel (1.14) hace un llamado a los obreros de Cristo: «Proclamad ayuno, convocad a asamblea; congregad a los ancianos y a todos los moradores de la tierra en la casa de Jehová vuestro Dios, y clamad a Jehova».

La segunda característica del trabajo del Espíritu Santo en América hoy, es que está llamando al ministerio a profesionales y empresarios de éxito, uno de ellos es el autor de este libro.

El setenta y cinco por ciento del pastorado latinoamericano no tiene preparación teológica formal. Muchos proceden de estratos sociales muy pobres. Pero algo nuevo está sucediendo: doctores, periodistas, comerciantes, están «abandonando sus redes» y respondiendo al supremo llamado del Maestro. Esto provoca que la iglesia latinoamericana, que fue siempre la de los pobres, ahora esté también alcanzando a la clase alta y pensante del continente.

La tercera característica es que el Espíritu Santo está tocando a los gobernantes en América Latina. Nunca lo hubiéramos soñado, pero lo está haciendo.

En un proyecto de cinco meses de duración, en el 1992, celebramos actividades de gala a nivel presidencial en veintinueve ciudades de América Latina. Entregamos a cada asistente uno de nuestros libros y proyectamos un video, ambos preparados para la ocasión. Asistieron diecisiete mil quinientos líderes de gobiernos. Centenares entregaron sus vidas al Señor. Desde entonces, no concibo entrar a una ciudad sin ministrar a sus líderes políticos, del gobierno y del mundo empresarial.

Es un día nuevo en el continente. Me gusta lo que dice Habacuc (1.5): «Mirad entre las naciones, y ved, y asombraos; porque haré una obra en vuestros días, que aun cuando se os contare, no la creeréis».

Dios aumentará nuestra capacidad de asombrarnos.

Con lo que Dios hace hoy, es como si nos dijera: «Denme espacio; ábranme camino. Déjenme ser Dios. No pretendan controlarme dentro de conceptos y estructuras. Permítanme demostrarles que sigo siendo Dios Todopoderoso».

Doy una cálida bienvenida a este libro que estoy seguro provocará muchas inquietudes. Sobre todo, acelerará la evangelización que prepara el escenario para el regreso de nuestro amante Salvador como Rey de reyes y Señor de señores.

Alberto H. Mottesi
Evangelista

PREFACIO

Muchos líderes cristianos consideran la década del noventa como la más importante que se recuerda. Nunca antes se ha visto la manifestación del poder de Dios en la oración, en la guerra espiritual, en señales y milagros, en la salvación de los perdidos y en la inmensa multiplicación de iglesias alrededor del mundo.

Por primera vez en la historia del cristianismo podemos decir que es posible que en nuestra generación se dé cumplimiento a la Gran Comisión. Hoy en día, el Cuerpo de Cristo tiene los recursos humanos, financieros y espirituales para culminar la tarea. Además, tal parece que la mayoría del pueblo de Dios de hoy tiene un alto nivel de entrega y un deseo verdadero de obedecer al Señor. Está listo y deseando enrolarse en el ejército de Dios, y va al frente de la guerra espiritual.

Uno de esos guerreros es mi buen amigo Héctor Torres. Héctor fue el primer miembro hispano de la Red de Guerra Espiritual, organizada en 1990. En sólo unos pocos años, ha contribuido grandemente con sus conocimientos, perspicacia y experiencia en el nivel estratégico de la guerra espiritual. Por la providencia de Dios, Latinoamérica se ha transformado en el territorio de mayor avance en la difusión y aplicación de los principios de la guerra espiritual. Héctor Torres, junto a otros como Harold Caballeros de Guatemala y Neuza Itioka de Brasil, ha ejercido una gran influencia en llevar esta tarea a cabo.

El primer libro de Torres, *Derribemos fortalezas*, es bien conocido en Hispanoamérica. Cada vez lo veo más en manos y escritorios de los líderes. Muchos me han hablado de cuánto bien les ha hecho en cuanto a permitirle comprender la dimensión del poder de Dios, de la cual antes conocían muy poco.

Derribemos fortalezas se ocupa de la guerra espiritual a gran escala. El nuevo libro de Héctor Torres, *Desenmascaremos las tinieblas de este siglo*, está dirigido a los asuntos de cartografía espiritual. Esta es una inmejorable combinación. En mi análisis, los dos componentes principales de esta tecnología espiritual relativamente nueva que Dios le ha dado al Cuerpo de Cristo en la presente década son el nivel estratégico de la guerra y la cartografía espirituales.

En este libro Torres explica con mucha claridad que la cartografía espiritual no es un fin en sí misma. Debemos evitar siempre el peligro de fascinarnos con los demonios o con lo que ellos hacen. La cartografía espiritual es solamente un medio que usamos con el objetivo de que nuestras oraciones sean más eficaces. La cartografía espiritual es para los intercesores lo que los rayos X son para los cirujanos. Considero que nadie alaba las fracturas de huesos ni los tumores malignos. Sin embargo, los cirujanos usan la información vital que les proveen los rayos X para devolver la salud al cuerpo. Asimismo, la cartografía espiritual revela las «asechanzas del diablo» como Pablo apunta en Efesios 6.11. Pablo también dice: «Para que Satanás no gane ventaja alguna sobre nosotros; pues no ignoramos sus maquinaciones» (2 Corintios 2.11).

Este libro es una excelente introducción a la cartografía espiritual. Le proveerá de:

- Una base bíblica para la cartografía de su ciudad.
- Ejemplos de cómo se usa la cartografía espiritual en muchas partes del mundo.

- Pasos a dar para reunir información estratégica acerca de las fortalezas de las tinieblas.
- Peligros a evitar cuando se invade el territorio del enemigo.

Cuando lea *Desenmascaremos las tinieblas de este siglo,* sentirá la pasión ardiente de Héctor Torres por alcanzar a los perdidos con el mensaje de salvación en Jesucristo. Mi oración es que esta pasión sea suya también y que se enrole en el ejército de Dios para cumplir la Gran Comisión en nuestra generación.

C. Peter Wagner
Fuller Theological Seminary,
Pasadena, California

INTRODUCCIÓN

Al vislumbrar los acontecimientos contemporáneos en el ámbito político, económico, social y espiritual, podemos fácilmente llenarnos de confusión. Los acontecimientos mundiales, los desastres naturales, la corrupción política y moral parecen estar empeorando y muchos han perdido la esperanza, el ánimo o la voluntad para cambiar las cosas. Muchos cristianos han abandonado por completo los esfuerzos y se han resignado a que todo siga su curso hasta la venida del Señor.

Es necesario obtener un nuevo parámetro de conocimiento que nos ayude a establecer estrategias para producir cambios en el futuro, para lo cual indefectiblemente es necesario conocer el pasado y el presente. Esto nos permitirá ver las cosas del mundo en que vivimos como *verdaderamente* son en el ámbito espiritual y no como *aparentan* ser en el ámbito natural. Lo que sucede en el ámbito espiritual se manifiesta o puede ser comprendido por lo que podemos ver sucediendo sucede en el ámbito natural.

Porque las cosas invisibles de Él, su eterno poder y deidad, se hacen claramente visibles desde la creación del mundo, siendo entendidas por medio de las cosas hechas, de modo que no tienen excusa (Romanos 1.20).

Y fue precisamente para lograr ese nuevo parámetro de conocimiento que en julio de 1989, durante el Segundo Congreso Internacional para la Evangelización Mundial reunido en Manila, Filipinas, Charles Kraft fue designado líder de los talleres de enseñanza dedicados al tema de la «Guerra Espiritual». Las personas seleccionadas para enseñar sobre esto fueron Glenn Shepard, Edgardo Silvoso, David Bryant, Tom White, Dick Eastman, John Robb y C. Peter Wagner.

Debido a que el tema central era «Los espíritus territoriales», enseñar esto ante un cuerpo evangélico que representaba diferentes trasfondos denominacionales y que reunía a líderes cristianos de todo el mundo, era, sin lugar a dudas, algo trascendental y audaz. Aunque algunos tenían diferentes niveles de conocimiento sobre la guerra espiritual, no había ninguno que pudiera considerarse verdaderamente experto en la materia.

Así nació un nuevo interés para explorar esta área del ministerio, interés que se demostró desde un principio por la asistencia de los cuatro mil quinientos allí reunidos y por las muchas preguntas que se formularon acerca de los temas presentados.

El 12 de febrero de 1990, se reunieron veinte y cinco líderes evangélicos en Pasadena, California, para organizar el grupo que ahora se conoce como «Red de Guerra Espiritual». Desde ese entonces, y hasta ahora, la Red ha sido parte integral del movimiento Alcance 2000 y se ha constituido en el eje del movimiento unido de oración que ha establecido redes de oración e intercesión en todo el mundo, y que colabora con el grupo de investigación sobre Cartografía Espiritual liderado por George Otis, Jr.

En junio de 1990, el Dr. C. Peter Wagner me invitó para ser miembro de la Red de Guerra Espiritual. Para entonces, ya había enseñado este tema por más de un año a la congregación que pastoreaba y a varios líderes y pastores hispanos tanto en México como en Estados Unidos.

A mediados de 1991, el Señor les dio a Alberto Motessi y a Horacio de la Vega una nueva visión para alcanzar al liderazgo evangélico nacional de Latinoamérica, a la cual se denominó Proyecto 500, (pensando en el quinto centenario del descubrimiento de América), y un mandato para la iglesia al que se puso el nombre de Proyecto de Cooperación 2000.

También, durante el Segundo Congreso para la Evangelización Mundial, se lanzó el Manifiesto de Manila, un llamado a la iglesia para llevar el evangelio a todo el mundo. El reto es: «Una iglesia para cada nación (*ethnos*) y el evangelio para cada persona, para el año 2000».

Luis Bush, director nacional de Alcance 2000, vio en el mandato que Dios le dio a Alberto Motessi (Cooperación 2000) una confirmación de su propia visión, y lo adoptó como el programa oficial para Latinoamérica. Después de varias reuniones en las que participé como presidente de AMEA, se decidió reunir al liderazgo evangélico latinoamericano para lanzar este proyecto.

La Asociación Evangelística Alberto Motessi extendió una invitación a este liderazgo evangélico latinoamericano para una reunión en San Juan Capistrano, California, en febrero de 1992. En la agenda se incluyó el tema «Cartografía Espiritual», del inglés «Spiritual Mapping». Allí recomendé que se cambiase a «Cartografía Espiritual», como el nombre correcto para describir este proceso que nos permite descubrir e identificar las artimañas del enemigo y desenmascarar sus métodos de operación.

Como la cartografía espiritual es un nuevo tema, muy pocos lectores estarán familiarizados con los términos: «espíritus o poderes territoriales», «intercesión al nivel estratégico», «guerra espiritual», etc., y no conocerán mucho sobre «fortalezas personales», «fortalezas filosóficas» o «fortalezas territoriales» y, naturalmente, «cartografía espiritual». Pues bien, para que tengan un punto del cual partir, les sugiero leer mi primer libro *Derribemos fortalezas*. Estoy plenamente convencido de que ese y el presente libro les ayudarán a tener un nuevo concepto y entendimiento sobre el ministerio de intercesión para alcanzar ciudades y naciones, y al mismo tiempo a encontrar la respuesta a la pregunta: ¿Por qué las cosas son como son?

Al pelear la guerra espiritual, hacemos efectiva la obra del Calvario sobre nosotros, nuestras familias, nuestras iglesias, nuestras ciudades y nuestras naciones. Y esa es nuestra ineludible misión.

Vivimos en una era muy difícil. Para alcanzar la victoria, debemos formar una generación audaz que no ceda ante las terribles presiones del enemigo. Recordemos que cada época de la historia ha presentado diferentes retos a la Iglesia de Jesucristo. *El reto de esta época es derribar las fortalezas de las tinieblas.*

Para eso, Dios está levantando «iglesias territoriales» que se enfrenten contra las potestades espirituales que dominan los territorios y las derroten. La presente es una guerra espiritual territorial, en la que conquistamos palmo a palmo el campamento enemigo para liberar a los cautivos y destruir las obras del diablo.

Así crecía y prevalecía poderosamente la palabra del Señor (Hechos 19.20).

PRIMERA PARTE

LA MISIÓN

El movimiento de unidad mundial de la iglesia se va produciendo a través del amor y del conocimiento. La revelación que parecía oculta sale con su luz para alumbrar a todo el pueblo de Dios, aportando los métodos y las estrategias que necesitamos para tomar posesión de nuestras ciudades y naciones para lograr el cumplimiento de la GRAN COMISIÓN.

Dr. Omar Cabrera,
Visión de Futuro,
Fundador y presidente

Capítulo 1

LAS MALDICIONES DEL PECADO

> ***Y Jehová Dios dijo a la serpiente: Por cuanto esto hiciste, maldita serás entre todas las bestias y entre todos los animales del campo; sobre tu pecho andarás, y polvo comerás todos los días de tu vida[...] Y al hombre dijo: Por cuanto obedeciste a la voz de tu mujer, y comiste del árbol de que te mandé diciendo: No comerás de él; maldita será la tierra por tu causa; con dolor comerás de ella todos los días de tu vida. Espinos y cardos te producirá, y comerás plantas del campo (Génesis 3.14,17-18).***

El pecado trae maldición a la tierra y a los hombres. Al traer maldición, produce heridas. Estas son brechas abiertas por las que el enemigo entra y destruye y hace toda clase de daño. Es decir, permiten que la ira de Dios se manifieste contra toda injusticia e impiedad de los hombres (Romanos 1.18).

> **Todo Israel traspasó tu ley, apartándose para no obedecer tu voz; por lo cual ha caído sobre nosotros la maldición y el juramento que está escrito en la ley de Moisés, siervo de Dios; porque contra Él pecamos (Daniel 9.11).**

Necesitamos estudiar a fondo la Biblia para entender bien las advertencias que Dios hace a las *ciudades* y a las *naciones*.

Al enfrentarnos al adversario, debemos ser unánimes en el proceso de cumplir la voluntad de Dios, en arrepentimien-

to y confesión de nuestros pecados y los de generaciones anteriores, e intercediendo por nuestras ciudades y naciones. De esta manera veremos un comienzo a la reconciliación total que sana las heridas del pasado.

> Y Él le dijo: ¿Qué has hecho? La voz de la sangre de tu hermano clama a mí desde la tierra. Ahora, pues, maldito seas tú de la tierra, que abrió su boca para recibir de tu mano la sangre de tu hermano (Génesis 4.10-11).

> Pues tengo por cierto que las aflicciones del tiempo presente no son comparables con la gloria venidera que en nosotros ha de manifestarse. Porque el anhelo ardiente de la creación es el aguardar la manifestación de los hijos de Dios. Porque la creación fue sujetada a vanidad, no por su propia voluntad, sino por causa del que la sujetó en esperanza; porque también la creación misma será libertada de la esclavitud de corrupción, a la libertad gloriosa de los hijos de Dios. Porque sabemos que toda la creación gime a una, y a una está con dolores de parto hasta ahora (Romanos 8.18-22).

Como es de notar, la naturaleza responde a la condición espiritual de sus habitantes. Por lo tanto, Satanás encuentra un campo fértil para construir su «fortaleza espiritual». Este término se refiere al lugar enfermo en la vida de una ciudad o una nación que aún no ha resuelto su culpabilidad. Si queremos rescatar un área que está muriendo, los cristianos podemos salvarla llevándole vida.

Dios también usa la naturaleza para traer sus juicios. El antiguo Egipto sufrió diversas plagas: la contaminación del río Nilo al convertirse el agua en sangre, la de ranas, la de piojos, las moscas, las úlceras del ganado, el granizo, las langostas, las tinieblas y, finalmente, la plaga de la muerte de los primogénitos de las familias y las bestias (Éxodo 7.15—11.6). Creo que Dios trata de llamar nuestra atención mediante la avalancha de desastres «naturales» que han venido sobre nosotros: incendios, inundaciones, huracanes, terremotos.

Norteamérica está en vergüenza y segando en torbellino de juicio (Oseas 8.7). Bajo el juicio de Dios estamos segando lo que hemos sembrado.[1]

Las obras de las tinieblas

Aunque han pasado miles de años desde los tiempos del profeta Oseas, los medios de comunicación masiva de hoy en día nos dan las mismas noticias que el profeta proclamaba en su tiempo como consecuencias del juicio de Dios sobre las naciones. El perjurio, la mentira, el engaño, la inmoralidad, la violencia, la guerra, el homicidio, el robo, todo esto y mucho más continúa siendo parte de la vida diaria de todo el mundo.

En la actualidad, la violencia es el tema que más inquieta a Estados Unidos y a Latinoamérica. En naciones como México, Colombia y Perú, las noticias de guerras, guerrillas, terrorismo y homicidios son el pan de cada día.

En los últimos años, los estados de Florida y California han soportado una aterrorizante ola de violencia que las autoridades no pueden controlar. En todo el continente hay ciudades heridas donde la violencia, el crimen, la guerrilla y el narcotráfico ponen de manifiesto la incapacidad de la autoridad y de la ley para controlar los acontecimientos que en ellas ocurren. Entre ellas están México, Guadalajara, Bogotá, Medellín, Lima, Río de Janeiro, Brasil, Washington D.C., Los Ángeles, San Francisco, Miami, Nueva York, etc. Toda esta culpabilidad no resuelta es la causa para que cada ciudad y nación cosechen lo que han sembrado: dolor, miseria, enfermedad, muerte.

---

1 B. Bright, *The Coming Revival* [El avivamiento venidero], New Life Publications, p. 61.

Consecuencias del pecado

Los profetas Daniel, Oseas y Jeremías revelan las consecuencias del pecado sobre las ciudades y naciones de la tierra:

> Oíd palabra de Jehová, hijos de Israel, porque Jehová contiende con los moradores de la tierra; porque no hay verdad, ni misericordia, ni conocimiento de Dios en la tierra. Perjurar, mentir, matar, hurtar y adulterar prevalecen, y homicidio tras homicidio se suceden. Por lo cual se enlutará la tierra, y se extenuará todo morador de ella, con las bestias del campo y las aves del cielo; y aun los peces del mar morirán. Ciertamente hombre no contienda ni reprenda a hombre, porque tu pueblo es como los que resisten al sacerdote (Oseas 4.1-4).

> Alza tus ojos a las alturas y ve en qué lugar no te hayas prostituido. Junto a los caminos te sentabas para ellos como árabe en el desierto, y con tus fornicaciones y con tu maldad has contaminado la tierra. Por esta causa las aguas han sido detenidas, y faltó la lluvia tardía; y has tenido frente de ramera, y no quisiste tener vergüenza (Jeremías 3.2-3).

Muchas veces nos encontramos en algún lugar en el que sentimos la presencia de la muerte. El discernimiento espiritual nos permite esa sensación. Es entonces cuando el poder para enfrentarnos con ella dependerá de la obediencia que tengamos a nuestro llamamiento. Por ejemplo, frente a la situación de opresión espiritual que sufría su nación, Esdras extendió sus manos al Señor e intercedió por el pueblo identificándose con sus pecados:

> Para que se busque en el libro de las memorias de tus padres. Hallarás en el libro de las memorias, y sabrás que

esta ciudad es ciudad rebelde y perjudicial a los reyes y las provincias, y que de tiempo antiguo forman en medio de ella rebeliones, por lo que esta ciudad fue destruida (Esdras 4.15).

Dios el Padre envió a Jesús para deshacer las obras del diablo (1 Juan 3.8) y para salvar lo que se había perdido (Mateo 18.11). De la misma manera, Dios el Padre nos salvó, nos llamó, nos apartó y nos mandó a hacer las mismas obras de Jesús, en todo lo relacionado con el reino de las tinieblas (Juan 9.4).

En la proclamación de las promesas de Dios tenemos el deber de *tomar parte en el proceso* del cumplimiento de los objetivos de Dios, es decir, la reconciliación con el Padre. Como atalayas, debemos anunciar y advertir a las naciones las consecuencias de su desobediencia.

> Puse también sobre vosotros atalayas, que dijesen: escuchad al sonido de la trompeta. Y dijeron ellos: No escucharemos. Por tanto oíd, naciones, y entended, oh congregación, lo que sucederá (Jeremías 6.17-18).

> Si se humillare mi pueblo, sobre el cual mi nombre es invocado, y oraren, y buscaren mi rostro, y se convirtieren de sus malos caminos; entonces yo oiré desde los cielos, y perdonaré sus pecados, y sanaré su tierra (2 Crónicas 7.14).

La falta de la presencia de Dios en las ciudades y naciones que están bajo maldición es lo que en hebreo se llama *Icabod* (la gloria se ha ido), situación que deja a las aves de rapiña en libertad para consumar la destrucción.

Los profetas del Antiguo Testamento proclamaron siempre que todo lo que le sobrevenía a la nación era debido a sus pecados. Esto se debía, especialmente, por la abominación de mezclar la idolatría de los pueblos venidos de otras tierras con los ritos religiosos del pueblo de Dios. Abominación mucho más grande aun cuando los que estaban en autoridad eran los primeros en cometer ese pecado (Esdras 9.1-2,13).

Lo que sigue, ¿será solamente coincidencia?

En agosto de 1992 el sur de Florida sufrió uno de los desastres naturales más grandes de la historia de la nación. El huracán Andrew causó grandes estragos a su paso. Ahora, más de dos años después, todavía la ciudad no se ha recuperado del desastre. Meses antes de esta tragedia, líderes y autoridades del estado tuvieron varias reuniones con los líderes religiosos de la santería cubana y del vudú haitiano. Su propósito era pedir su intercesión para evitar una explosión de violencia étnica entre negros e hispanos de las comunidades que representaban. Pienso que el incremento de ritos y sacrificios de santería, vudú y macumba, por ese motivo, y el reconocimiento de su poder por parte de las autoridades de gobierno desencadenaron el juicio de Dios sobre el estado por medio de la naturaleza.

Luego, el 17 de enero de 1994, el sur de California sufrió los efectos devastadores de un terremoto que arrasó con el valle de San Fernando y particularmente la ciudad de Northridge. El movimiento sísmico, de 6,9 en la escala de Richter, destruyó cientos de edificios, residencias, autopistas y centros comerciales. Esta área de California ha sido azotada por la sequía, los incendios, la violencia, los temblores y la decadencia económica. ¿No será que el mensaje que sale de Hollywood sobre el aborto, el homosexualismo y la oposición y el ataque a los valores cristianos, a la iglesia y a sus líderes han traído como consecuencia una tragedia tras otra?

La prensa secular, irónicamente, dijo que el terremoto de Northridge sería con toda seguridad una oportunidad más para que los cristianos declararan, como siempre, que todo eso era el juicio de Dios. ¿Sería una coincidencia que una gran parte de la pornografía que consume la nación saliera de esta ciudad y que en el terremoto se destruyeran nada menos que centros pornográficos millonarios? ¿Qué piensa usted?

El pecado de una ciudad concede poder al enemigo sobre ella y abre sus puertas al mundo de las tinieblas para que entren la maldición y la destrucción.

El conflicto y el antagonismo entre ministerios, culturas, clases sociales, razas, regiones, religiones, etc., son puertas abiertas al infierno, y causas para que las maldiciones caigan sobre las ciudades y las naciones.

La violencia y el crimen son el resultado de heridas y ofensas del pasado y del presente. Todos los esfuerzos, leyes, alianzas y tratados para contrarrestarlos no tendrán ningún resultado.

Hace poco tiempo, en Los Ángeles, California, la televisión mostró a un mundo horrorizado la criminal paliza que la policía propinó a un ciudadano negro. La escena la filmó un camarógrafo aficionado. Este hecho lo llevó a cabo nada menos que varios policías de raza blanca y un hispano. Esto desencadenó una ola de violencia en la que los negros atacaron a los blancos, a los hispanos, a los orientales. Turbas enfurecidas destruyeron negocios, quemaron, robaron y saquearon todo cuanto pudieron. Tomaron forma humana las palabras de Jesús: «El ladrón no viene sino para matar, robar y destruir» (Juan 10.10).

Una vez más, se hizo patético el antagonismo de razas. Ese que causó una herida a la ciudad y abrió las puertas a los demonios. La violencia engendró violencia. El derramamiento de sangre demandó más derramamiento de sangre, y todo esto desencadenó violencia social. Cayó la maldición de Dios sobre la ciudad.

Las guerras entre pandillas, entre carteles del narcotráfico, entre naciones, entre religiosos, etc., abren las puertas al mundo de las tinieblas y traen maldiciones sobre las ciudades y sobre las naciones.

El destino de nuestras ciudades y naciones, la anulación de las maldiciones que pesan sobre ellas y su pacificación, no depende ni de alianzas, ni pactos, ni tratados. No depende de la sangre que se derrama en las calles y en las plazas todos los días inútilmente. Su fortuna depende de la sangre que fue derramada por Jesucristo hace dos mil años en la cruz del Calvario. De la sangre que se derramó una vez y por todas para la remisión de pecados (Hebreos 9.22), porque entonces y sólo entonces se cumplirá la Palabra: «Haciendo la paz, y mediante la cruz reconciliar con Dios[...] matando en ella las enemistades» (Efesios 2.15b-16).

Capítulo 2

LOS GUARDAS DE LAS CIUDADES Y LAS NACIONES

Sobre tus muros, oh Jerusalén, he puesto guardas; todo el día y toda la noche no callarán jamás. Los que os acordáis de Jehová, no reposéis, ni le deis tregua, hasta que restablezca a Jerusalén, y la ponga por alabanza en la tierra[...] He aquí que Jehová hizo oír hasta lo último de la tierra: Decid a la hija de Sion: He aquí viene tu Salvador; he aquí su recompensa con Él, y delante de Él su obra. Y les llamarán Pueblo Santo, Redimidos de Jehová; y a ti te llamarán Ciudad Deseada, no desamparada (Isaías 62.6,11-12).

Sobre las ciudades y las naciones pesan maldiciones por causa del pecado, pero Dios ha puesto guardas sobre ellas. Es a estos guardas a quienes ha encomendado las llaves de sus puertas, para que por ellas entre la bendición. Al mismo tiempo, les ha dado el poder para penetrar, en el nombre de Jesucristo y por su delegación, en el mundo de las tinieblas y matar a la víbora en su propio nido.

> Y a ti te daré las llaves del reino de los cielos; y todo lo que atares en la tierra será atado en los cielos; y todo lo que desatares en la tierra será desatado en los cielos (Mateo 16.19).

Los guardas de las ciudades son los pastores y los intercesores. Por eso, *la unidad pastoral es vitalmente importante* para el cabal cumplimiento de la Gran Comisión y de la misión que como tales tienen estos ministros. No tendremos éxito en nuestra misión si los llamados a un ministerio especial no estamos conscientes de la responsabilidad que tenemos en nuestra ciudad y en nuestra nación.

Es triste reconocer que hay una competencia malsana en el ministerio, a tal punto que ya se ha hecho costumbre que diferentes obreros cristianos entren a una ciudad sin la invitación, el apoyo ni el respaldo de aquellos hombres y mujeres llamados por Dios y establecidos como guardas de esa ciudad. Muchos de estos ministerios hacen y deshacen por su cuenta, los unos por no tomar en cuenta a los otros para contar con su respaldo y los otros por no respaldar el ministerio de tantos hombres y mujeres llamados por Dios para cumplir una tarea especial. Ninguno quiere ver la importancia del otro, insistiendo, por esa razón, en obrar cada uno a su antojo. Surge así, por lo general, la división en lugar de la unidad en la iglesia local.

La reconciliación de ciudades y naciones no será posible si no se permite la manifestación del Espíritu Santo que es uno de amor y unidad. *Jamás* la reconciliación con Dios que necesita la tierra en esta hora se logrará por individuos con complejos mesiánicos ni por segmentos fragmentados de la iglesia. La reconciliación de ciudades y naciones será el resultado de la obra mancomunada del Cuerpo de Cristo, y este no puede estar fragmentado. El Cuerpo de Cristo en la tierra intercederá por ellas para cambiar el curso de la historia.

No debemos olvidar que nuestro llamamiento proviene de Dios y no es para satisfacer nuestro ego ni nuestra vanidad. Si los llamados ministros están satisfechos con «su» obra y están contentos con lo que consideran «su» rebaño o «su» ministerio y no el del Señor Jesucristo, hay muy poco que decirles. Pero la verdad es que el Señor ha puesto a sus mensajeros como guardas de su ciudad y de su nación.

Recordemos la Gran Comisión y nuestra misión de ser instrumentos para la salvación de los perdidos. Esto será imposible si los obreros del Señor no somos en realidad «del» Señor y como tales no estamos unidos, pues el Señor es uno solo. Aceptemos con humildad y con alegría nuestro nombramiento de guardas de la ciudad y de la nación en las que Dios nos ha llamado a servir.

Ante los ojos del Señor, la ciudad en la cual vivimos es un lugar que necesita escuchar el mensaje redentor de su Palabra. Él la ve como una ciudad que está al borde del juicio como Sodoma, Gomorra, Nínive o Jerusalén y que necesita redención.

Aunque en cada ciudad haya congregaciones y congregaciones, predicadores y predicadores, maestros y maestros, eso no significa de ninguna manera que hayamos alcanzado el propósito que Dios tiene para esa ciudad. Mientras no seamos uno en Cristo, no podremos dar un verdadero testimonio de la muerte, sepultura, resurrección y señorío de Él.

No podremos hablar de guardas de las ciudades y de las naciones sin hablar de la unidad del Cuerpo de Cristo. Al ser uno, somos los que el Señor quiere que seamos: los guardas de la localidad en la que Él nos ha puesto. La salud espiritual de nuestras ciudades y naciones no se mide por el número de miembros de las iglesias, ni por el tamaño de nuestros templos, sino por el testimonio que damos como cristianos en esas localidades.

> Porque tú dices: Yo soy rico y me he enriquecido, y de ninguna cosa tengo necesidad; y no sabes que tú eres un desventurado, miserable, pobre, ciego y desnudo. Por tanto, yo te aconsejo que de mí compres oro refinado en fuego, para que seas rico, y vestiduras blancas para vestirte, y que no se descubra la vergüenza de tu desnudez; y unge tus ojos con colirio para que veas (Apocalipsis 3.17-18).

Dios está dando a su pueblo en toda la tierra una visión de unidad alrededor de la cruz de Cristo. ¡Qué impactante sería que una iglesia unida batallara para reconquistar la tierra para Cristo, como un ejército unido que sigue la dirección del Dios de los Ejércitos! ¡Qué grandioso sería que un pueblo de Dios fuerte y dispuesto para la batalla tomara por asalto a las ciudades para Cristo! Los cristianos, y más que todo los pastores, seríamos en realidad los vigías, los centinelas, los guardas, defendiéndolas y liberándolas de la opresión satánica en el nombre de Jesucristo.

¿Queremos ser guardas de nuestra ciudad y de nuestra nación? Tenemos que pagar el precio de la unidad, entendiendo y aceptando que todas las dificultades que tengamos para lograrla y para experimentarla «no son comparables con la gloria venidera que en nosotros ha de manifestarse. Porque el anhelo ardiente de la creación es el aguardar la manifestación de los hijos de Dios» (Romanos 8.18-19). Y, ¿cómo pueden manifestarse los hijos de Dios, sino como hermanos, hijos de un mismo Padre?

¿Entendemos nuestra responsabilidad como guardas de ciudades y naciones? Si es así, debemos entender el pacto que tenemos con Dios y cumplirlo.

Mi buen amigo Alberto Mottesi en su maravilloso libro *América 500 años después*, se refiere al nuevo pacto en el cual somos llamados a vivir como hijos de Dios y hermanos en Cristo. Nos dice por qué no estamos unidos: la falta de fe en las promesas de Dios. Expresa:

> El pacto es la base de toda relación. La fidelidad al pacto, o sea, a lo prometido, es lo que permite que los seres tengan confianza unos con otros y puedan establecer verdaderas RELACIONES, basadas en la buena fe[...] Toda integración [comunión o colaboración] se debe basar en una perspectiva común [una misma visión]. La Biblia dice: «¿Andarán dos juntos, si no estuvieren de acuerdo?» (Amós 3.3)[...] el engaño es el patrón cultural que nos caracteriza. Y el engaño es la fuente de discordia [división, disensión y sectarismo] más grande que hay. Donde hay

engaño hay sospecha, no hay confianza y no podrá haber jamás una verdadera unidad o integración. El engaño es la causa de nuestra falta de integración.[1]

Alberto se pregunta:

¿Cómo resolveremos el problema del engaño si está tan infiltrado en todos los segmentos de nuestra sociedad (incluyendo la iglesia y la familia)? Si la confianza es la raíz de toda relación, ¿cómo podremos vencer estas ataduras y fortalezas para establecerla?

Aunque nos avergüence y entristezca, tenemos que comenzar por reconocer que somos una ciudad dominada por el engaño. Nos hemos dejado controlar (gobernar) por la mentira.[2]

Como el problema es espiritual e individual, la solución tiene que comenzar con el individuo. Tenemos que encontrar la solución para dicho problema antes de encontrar soluciones para las cuestiones políticas y sociales.

Somos guardas de ciudades y naciones. Como tales, mal podemos pretender buscar soluciones rápidas e instantáneas por nuestra cuenta y a nuestro antojo. El carácter de los pueblos no puede forzarse a cambios inesperados. Sin embargo, *hoy es la hora de Dios para Hispanoamérica*. Él nos está despertando del sopor en el que hemos vivido para que reconozcamos las ataduras espirituales que se remontan hasta nuestros ancestros nos han mantenido imposibilitados y nos liberemos de ellas. Para lograrlo tenemos que obedecerle absolutamente:

---

1 Alberto Mottesi, *América 500 años después*, AMEA, Fountain Valley, CA, 1992, cap. 9, pp. 126-127, énfasis del autor.

2 *Ibid.*, p. 127.

> Hijitos míos no amemos de palabra ni de lengua, sino de hecho y en verdad. Y en esto conocemos que somos de la verdad, y aseguraremos nuestros corazones delante de Él[...] Amados, si Dios nos ha amado así, debemos también nosotros amarnos unos a otros. Nadie ha visto jamás a Dios. Si nos amamos unos a otros, Dios permanece en nosotros, y su amor se ha perfeccionado en nosotros[...] En esto se ha perfeccionado el amor en nosotros, para que tengamos confianza en el día del juicio; pues como Él es, así somos nosotros en este mundo. En el amor no hay temor, sino que el perfecto amor echa fuera el temor; porque el temor lleva en sí castigo. De donde el que teme no ha sido perfeccionado en el amor (1 Juan 3.18-19; 4.11-12; 17-18).

¿Por qué este pasaje sobre el amor? ¿Qué tiene esto que ver con el hecho de que Dios nos ha puesto como guardas de las ciudades y de las naciones? Porque el amor es el arma por excelencia para derrotar al odio, para derrotar al temor, para derrotar al maligno. Por lo tanto, es el arma por excelencia para defender las puertas de las ciudades y de las naciones.

¿Se pueden imaginar a los pueblos llenos de amor? ¿Qué clase de mal podría entrar en un pueblo así? ¿Y qué es la unidad sino una de las más hermosas facetas del amor?

Hombres y mujeres con esa experiencia y con ese llamamiento son los guardas que Dios ha puesto, con una misión especial, en las ciudades y en las naciones.

Capítulo 3

EL ARREPENTIMIENTO DE LAS CIUDADES Y LAS NACIONES

Pídeme, y te daré por herencia las naciones, y como posesión tuya los confines de la tierra (Salmo 2.8).

Y cuando llegó cerca de la ciudad, al verla, lloró sobre ella (Lucas 19.41).

Gritad, porque Jehová os ha entregado la ciudad (Josué 6.16).

El Señor ama a todas las ciudades y naciones. Ama a la ciudad y la nación de usted. No hay ciudad ni nación que no pueda tener a su alcance al Dios de los cielos. La Biblia está llena de ejemplos de ciudades y naciones que se arrepintieron de sus pecados y se volvieron a Dios. La Gran Comisión es precisamente el mandato de Dios para que eso suceda. El Señor quiere que se hagan discípulos en todas las naciones (Mateo 28.19), para lo cual envió a su Espíritu Santo para que sus discípulos le fueran testigos en la ciudad de Jerusalén, en la región de Judea, en la nación de Samaria, y hasta lo último de la tierra (Hechos 1.8). Dios quiere que tengamos la visión de tomar ciudades, regiones y naciones, territorialmente, para Cristo.

El apóstol Pablo escribió sus epístolas para las ciudades de Roma, Éfeso, Corinto, Galacia, etc. El libro de Apocalipsis nos revela que Dios bendice y juzga a la iglesia de manera colectiva, no individualmente. Es decir, ante Dios el Padre no son las denominaciones ni las congregaciones las que representan a Cristo, sino que es la iglesia en su totalidad, los creyentes todos de una ciudad.

La epístola a los Hebreos dice que Dios edificó una ciudad: «Porque esperaba la ciudad que tiene fundamentos, cuyo arquitecto y constructor es Dios[...] Pero anhelaban una mejor, esto es, celestial; por lo cual Dios no se avergüenza de llamarse Dios de ellos; porque les ha preparado una ciudad» (Hebreos 11.10-16).

Todo lo anterior nos indica que Dios piensa en las ciudades y naciones del mundo, y que su voluntad es que procedan al arrepentimiento. Sus discípulos, sus obreros, sus mensajeros, sus pastores, son los instrumentos que Él ha escogido para ese arrepentimiento, porque todos, todos... somos y debemos ser los intercesores ante su trono de gracia para alcanzar misericordia.

Obediencia y oración

No obstante, es necesario que seamos obedientes. La Biblia nos da ejemplos al respecto en la vida de Josué y Caleb:

- Josué obedeció al Señor y conquistó para Él la ciudad de Jericó (Josué 6.16).
- Caleb obedeció y por fe recibió la tierra por posesión: «Pero a mi siervo Caleb, por cuanto hubo en él otro espíritu, y decidió ir en pos de mí, yo le meteré en la tierra donde entró, y su descendencia la tendrá en posesión» (Números 14.24).

Si obedecemos e intercedemos por nuestras ciudades y naciones, podremos entrar en la batalla para conquistarlas en la seguridad de que la victoria será nuestra, pues la batalla es del Señor:

> Mas Jehová dijo a Josué: Mira, yo he entregado en tu mano a Jericó y a su rey, con sus varones de guerra (Josué 6.2).

Asimismo, nos convertimos en instrumentos de justicia para esa necesaria y apremiante reconciliación total. Por consiguiente, tiene que desaparecer la atmósfera contaminada que asfixia a nuestros pueblos; tiene que desaparecer la religiosidad vacía, la corrupción de mente, de espíritu y de cuerpo, para que en estos últimos días, las ciudades y las naciones puedan regresar a Cristo. Ante todo, tiene que desaparecer la división entre el pueblo de Dios, ese pueblo llamado a conquistar y a triunfar, pero como un solo ejército.

En el caso de Josué, vemos que primeramente creyó en las promesas de Dios y, debido a ello, recibió la visión para la conquista de la ciudad de Jericó. Luego, obedeció el mandato de Dios en cuanto a la estrategia para la toma de la ciudad; y fue en obediencia a las instrucciones que Él le dio que demandó la unidad de todo el pueblo para el asalto final: «TODO el pueblo gritará a gran voz, y el muro de la ciudad caerá» (Josué 6.5).

Más adelante, encontramos a Caleb diciendo:

> Como podrás ver, Jehová me ha mantenido con vida y salud durante estos cuarenta y cinco años desde que comenzamos a vagar por el desierto, y ahora tengo ochenta y cinco años. Estoy tan fuerte ahora como cuando Moisés nos envió en aquel viaje de exploración y aún puedo viajar y pelear como solía hacerlo en aquella época. Por lo tanto, te pido que me des la región montañosa que Jehová me prometió. Recordarás que cuando exploramos la tierra vimos que los anaceos vivían allí en ciudades con murallas

> muy grandes, pero si Jehová está conmigo yo los echaré de allí (Josué 14.10-12, *La Biblia al día*).

La conquista fue posible porque hubo participación de todo el pueblo de Dios representado por cada una de las tribus de Israel:

> Tomad, pues, ahora doce hombres de las tribus de Israel, uno de cada tribu (Josué 3.12).

> Tomad del pueblo doce hombres, uno de cada tribu (Josué 4.2).

Como una señal de UNIDAD, Josué mandó tomar doce piedras (Josué 4.3) de en medio del Jordán, las cuales debían llevarlas y levantarlas: «Para que esto sea señal entre vosotros» (Josué 4.6).

La unidad es la clave para conquistar ciudades y naciones mediante el arrepentimiento. «¡Mirad cuán bueno y cuán delicioso es habitar los hermanos juntos en armonía![...] porque allí envía Jehová bendición, y vida eterna» (Salmo 131.1,3b).

Aunque continuemos (y debemos hacerlo) cumpliendo nuestras responsabilidades en las asambleas y congregaciones locales a las cuales Dios nos ha llamado a servir, tenemos también la responsabilidad de unirnos delante de Dios en nuestras ciudades y regiones para rendirle adoración, alabanza, loor, honor y gloria, intercediendo por ellas para que Él derrame su misericordia. Y entonces podremos decir como Pedro: «En verdad comprendo que Dios no hace acepción de personas, sino que en toda nación se agrada del que le teme y hace justicia» (Hechos 10.34-35).

Arrepentimiento y confesión

Los profetas Esdras y Daniel nos demuestran el corazón de un intercesor que clama a Dios por el perdón de los pecados de la nación de Israel. Reconocieron que el sincretismo trae maldición a un pueblo que sufre el juicio de Dios. Es por eso que claman a Él y retan al pueblo a arrepentirse y a renunciar a la idolatría de sus antepasados.

> Y a la hora del sacrificio de la tarde me levanté de mi aflicción, y habiendo rasgado mi vestido y mi manto, me postré de rodillas, y extendí mis manos a Jehová mi Dios, y dije: Dios mío, confuso y avergonzado estoy para levantar, oh Dios mío, mi rostro a ti, porque nuestras iniquidades se han multiplicado sobre nuestra cabeza, y nuestros delitos han crecido hasta el cielo. Desde los días de nuestros padres hasta este día hemos vivido en gran pecado; y por nuestras iniquidades nosotros, nuestros reyes y nuestros sacerdotes hemos sido entregados en manos de los reyes de las tierras, a espada, a cautiverio, a robo y a vergüenza que cubre nuestro rostro como hoy día (Esdras 9.5-7).

¿Qué sucedió como resultado de esta intercesión?

> Mientras oraba Esdras y hacía confesión, llorando y postrándose delante de la casa de Dios, se juntó a él una muy grande multitud de Israel, hombres, mujeres y niños; y lloraba el pueblo amargamente[...] Y se levantó el sacerdote Esdras y les dijo: Vosotros habéis pecado, por cuanto tomasteis mujeres extranjeras, añadiendo así sobre el pecado de Israel. Ahora, pues, dad gloria a Jehová Dios de vuestros padres, y haced su voluntad, y apartaos de los pueblos de las tierras, y de las mujeres extranjeras. Y respondió toda la asamblea, y dijeron en alta voz: Así se haga conforme a tu palabra (Esdras 10.1,10-12).

He aquí la oración de intercesión de otro profeta, Daniel:

> Ahora pues, Dios nuestro, oye la oración de tu siervo, y sus ruegos; y haz que tu rostro resplandezca sobre tu santuario asolado, por amor del Señor. Inclina, oh Dios mío, tu oído, y oye; abre tus ojos, y mira nuestras desola-

ciones, y la ciudad sobre la cual es invocado tu nombre; porque no elevamos nuestros ruegos ante ti confiados en nuestras justicias, sino en tus muchas misericordias. Oye, Señor; oh Señor, perdona; presta oído, Señor, y hazlo; no tardes, por amor de ti mismo, Dios mío; porque tu nombre es invocado sobre tu ciudad y sobre tu pueblo (Daniel 9.17-19).

Los profetas reconocieron que todo lo que le sobrevino a la nación fue debido a sus pecados. Pero sabían también que si se arrepentían, Dios los oiría desde los cielos.

Cuando la ciudad de Nínive oyó el mensaje del profeta Jonás, los habitantes creyeron y se arrepintieron, desde el mayor hasta el menor, hombres y bestias y aun el propio rey. Nos dice la Biblia que Dios los perdonó y no trajo juicio sobre la ciudad (Jonás 3.5-10).

> Si tu pueblo Israel fuere derrotado delante del enemigo por haber prevaricado contra ti, y se convirtiere, y confesare tu nombre, y rogare delante de ti en esta casa, tú oirás desde los cielos, y perdonarás el pecado de tu pueblo Israel, y le harás volver a la tierra que diste a ellos y a sus padres (2 Crónicas 6.24-25).

El mundo entero está bajo el poder del maligno, dice la Biblia (1 Juan 5.19), pero «los ojos de Jehová contemplan toda la tierra, para mostrar su poder a favor de los que tienen corazón perfecto para con Él» (2 Crónicas 16.9a). Si intercedemos, Él tendrá misericordia.

Por lo tanto, cumplamos con nuestra misión de intercesión para que las ciudades y las naciones se arrepientan y vengan, de la presencia del Señor, tiempos de refrigerio (Hechos 3.19).

> Si se humillare mi pueblo, sobre el cual mi nombre es invocado, y oraren, y buscaren mi rostro, y se convirtieren de sus malos caminos; entonces yo oiré desde los cielos, y perdonaré sus pecados y sanaré su tierra (2 Crónicas 7.14).

Capítulo 4

NUESTRA MISIÓN EN NUESTRA CIUDAD Y NUESTRA NACIÓN

> ***El Dios que hizo el mundo y todas las cosas que en él hay, siendo Señor del cielo y de la tierra, no habita en templos hechos por manos humanas, ni es honrado por manos de hombres, como si necesitase de algo; pues Él es quien da a todos vida y aliento y todas las cosas. Y de una sangre ha hecho todo el linaje de los hombres, para que habiten sobre toda la faz de la tierra; y les ha prefijado el orden de los tiempos, y los límites de su habitación; para que busquen a Dios, si en alguna manera, palpando, puedan hallarle, aunque ciertamente no está lejos de cada uno de nosotros (Hechos 17.24-27).***

Dios hizo las naciones, los pueblos y las culturas, y prefijó las fronteras de sus lugares de residencia, con un solo propósito: que le busquen. Él ha fijado el lugar de cada uno de nosotros con el mismo propósito: que le busquemos donde estemos.

Hay dos motivos que nos impulsan a buscar a Dios: para conocerle y para servirle. Nuestras vidas están en las manos de Dios y Él determina el lugar de nuestra morada para que podamos conocerle y servirle.

Mi experiencia no fue diferente. En 1959, cuando tenía trece años, mis padres emigraron a Estados Unidos desde Colombia. Durante los años siguientes, estudié y trabajé en Miami, Nueva York y Los Ángeles. Fue allí, en febrero de 1976 y a la edad de treinta años, que mi esposa y yo tuvimos un encuentro con el Señor Jesucristo. Sí, un domingo por la mañana, en una iglesia ubicada en el valle de San Fernando al sur de California, nos presentaron las buenas nuevas de salvación y decidimos seguir a Cristo. Han pasado ya dieciocho años desde aquel maravilloso día, y desde ese momento comenzamos a servir al Señor en todo lo que podíamos. Durante nueve años fui pastor en Mesa, Arizona, y últimamente he estado viajando por Latinoamérica, Norteamérica y Asia enseñando y predicando la Palabra de Dios.

Hay cosas muy interesantes y profundas para meditar en todo cuanto hace el Señor.

> Él muda los tiempos y las edades; quita reyes, y pone reyes; da la sabiduría a los sabios, y la ciencia a los entendidos (Daniel 2.21).

Por lo tanto, debemos reconocer que Dios es el que cambia los tiempos y las estaciones, establece autoridades y las quita. Permite los avances y el conocimiento científico para el progreso de la humanidad. En fin, Dios mueve la rueda de la creación y dirige las circunstancias y las vidas de los hombres para darles paz y prosperidad (Jeremías 29.11).

Dios, el soberano de la tierra

Nuestras vidas están en las manos de Dios, el cual ha determinado todo. Y así ha sido siempre. Por ejemplo, la Biblia nos habla de lo que pasó con personas que vivieron hace miles de años. Una de ellas fue Jacob.

El libro de Génesis nos cuenta cómo Jacob habitó y sirvió al Señor en la tierra donde moró su padre y donde él también nació, en la tierra de Canaán (Génesis 37.1). También fue en ese lugar donde el Señor dio a uno de sus hijos, José, un sueño. Génesis 37.7 nos explica este sueño: veía que ataban manojos en medio del campo y el manojo de José se levantaba para que los otros se inclinaran ante él. Por ese sueño sus hermanos le aborrecieron grandemente y le preguntaron: «¿Reinarás tú sobre nosotros o señorearás sobre nosotros?» (Génesis 37.8).

La Biblia nos narra que José tuvo otro sueño. Vio que el sol, la luna y once estrellas se inclinaban ante él. Cuando lo contó a su padre y hermanos, le preguntaron: «¿Qué sueño es este que soñaste? ¿Acaso vendremos yo y tu madre y tus hermanos a postrarnos en tierra ante ti?» (Génesis 37.10).

La envidia provocó que más tarde sus hermanos conspiraran para matar a José, pero Rubén interviene y no lo hacen. Es por ello que deciden venderle a unos mercaderes ismaelitas que pasaban por el lugar. Estos mercaderes llevaron a José a Egipto y lo vendieron a Potifar, capitán de la guardia de Faraón. Dice la Biblia que en todo esto, Dios estaba con José y, a pesar de la falsa acusación de la mujer de Potifar que lo llevó a la cárcel, lo hacía prosperar. Estando en la cárcel interpretó los sueños del jefe de los coperos y este, después de dos años, lo recomendó a Faraón para que le interpretase un sueño. Debido a que José interpretó el sueño, Faraón lo nombró gobernador y lo puso sobre toda la tierra de Egipto. Jehová lo bendecía en todo lo que hacía y le prosperaba.

Con el paso del tiempo, José fue de gran bendición para Egipto y las naciones de su alrededor. El plan y el propósito de Dios para su siervo se cumplió. Dios lo colocó en el lugar en el que tenía que estar para que le sirviera.

El fruto de la conquista

Pero no sólo fue así con los personajes bíblicos, hace cinco siglos Cristóbal Colón fue el descubridor de América. Era un experimentado marino que hizo sus viajes para buscar una ruta comercial más corta al oriente y para llevar el «evangelio» a aquellos emperadores orientales que pidieron a Marco Polo el envío de mensajeros que le hablaran de la fe cristiana. Todos sabemos que no llegó a las Indias orientales como pensaba, pero sus viajes fueron de bendición para las nuevas tierras a las que llegó y también beneficiaron económicamente a España, tierra de la cual salió. Sin embargo, también hubo maldición a través de todo esto, porque las ofensas y heridas causadas en el proceso de la conquista fueron puertas que se abrieron al mundo de las tinieblas. Produjeron las consecuencias que eran de esperarse y por las que todos hemos sufrido. Antes de morir, Cristóbal Colón escribió un libro en el que se consideraba cumplidor de sesenta y cinco profecías del Antiguo Testamento, y declaraba que su nombre *Cristóbal* significaba *mensajero de Cristo*. En su libro *América 500 años después*, Alberto Mottesi explica con erudición este tema.

El llamado para bendición

Hoy en día, Estados Unidos es un país muy grande constituido por personas llegadas de todas las naciones del mundo. Solamente los hispanoparlantes somos alrededor de treinta millones en este país. Se estima que para el año 2000 seremos la minoría más grande de la nación. Todos han venido por diferentes razones: políticas, económicas, familiares, educacionales, religiosas, etc. Lo que muy pocos saben es que independientemente de la nación de origen y la aparente razón de su venida, Dios prefijó este lugar de habitación para que le busquen (Hechos 17.26-27). ¿Podemos entenderlo?

Otra de las razones por la cual Dios nos lleva a otras naciones es para que seamos bendición. No podemos negar el hecho de que Él tiene en su mano nuestro nuestro porvenir y desea que le busquemos en cualquier parte donde Él nos establezca.

> Y procurad la paz de la ciudad a la cual os hice transportar, y rogad por ella a Jehová; porque en su paz tendréis vosotros paz[...] Porque yo sé los pensamientos que tengo acerca de vosotros, dice Jehová, pensamientos de paz y no de mal, para daros el fin que esperáis. Entonces me invocaréis, y vendréis y oraréis a mí, y yo os oiré; y me buscaréis y me hallaréis porque me buscaréis de todo vuestro corazón (Jeremías 29.7,11-13).

Parte del proceso de bendición al que Dios nos ha llamado incluye la oración y la intercesión. Debemos rogar por la paz, las autoridades, las familias. Nuestra misión es ofrecer al Señor sacrificios de alabanza en el lugar donde estamos y donde vivimos para que su Espíritu repose allí; nuestra misión es ser testigos de Cristo, siendo pacificadores, amando y sirviendo, haciendo todo sin murmuraciones ni contiendas para que seamos «irreprensibles y sencillos, hijos de Dios sin mancha en medio de una generación maligna y perversa en medio de la cual resplandeceremos como luminares en el mundo; asidos de la palabra de vida» (Filipenses 2.14-16).

Mi buen amigo John Robb ha dicho: «La historia se escribe con las oraciones de los intercesores». La conquista de nuestras ciudades y de nuestras naciones para Cristo comienza con las oraciones del pueblo de Dios.

Con la oración abrimos las puertas del mundo de las tinieblas para salvar a los perdidos y para destruir las fortificaciones que impiden el derramamiento de las bendiciones de Dios.

Nuestra misión en nuestras ciudades y naciones es orar e interceder por las autoridades, los gobernantes y todos los que están en eminencia. Esto puede, con toda seguridad, cambiar el destino de los pueblos y el curso de la historia:

> Para que ofrezcan sacrificios agradables al Dios del cielo, y oren por la vida del rey y por sus hijos (Esdras 6.10).

Exhorto ante todo, a que hagan rogativas, oraciones, peticiones y acciones de gracias, por todos los hombres; por los reyes y por todos los que están en eminencia, para que vivamos quieta y reposadamente en toda piedad y honestidad. Porque esto es bueno y agradable delante de Dios nuestro Salvador, el cual quiere que todos los hombres sean salvos y vengan al conocimiento de la verdad (1 Timoteo 2.1-4).

Dios nos ha puesto como vigilantes y como guardas de nuestras ciudades y naciones para que, en el espíritu de oración e intercesión, pongamos en acción las estrategias de guerra espiritual que nos permitan atar al hombre fuerte para entrar en su territorio y saquear sus bienes.

Todos vivimos en una ciudad y pertenecemos a una nación. ¿Qué estamos haciendo por esa ciudad y por esa nación? Sin duda, allí habrá muchos problemas. Quizás sus autoridades y gobernantes no hagan lo correcto e impere la injusticia. Tal vez existan motivos dignos de exigencia y protesta, y eso será precisamente lo que muchos harán: reclamar, protestar y hacer paros y huelgas.

Bueno, eso es lo que ellos están haciendo. Pero nosotros, ¿qué hacemos? ¿Nos importan la vida y el destino de nuestra ciudad y de nuestra nación? Si es así, ¿qué hacemos para ayudar? Como cristianos, ¿somos parte del problema o de la solución? ¿Protestamos también igual que los demás o en realidad hacemos algo para mejorar la situación?

La Biblia dice que nuestra misión es recordar a los hombres «que se sujeten a los gobernantes y autoridades, que obedezcan, que estén dispuestos a toda buena obra. Que a nadie difamen, que no sean pendencieros, sino amables, mostrando toda mansedumbre para con todos los hombres» (Tito 3.1-2), orando en todo lugar, «levantando manos santas, sin ira ni contienda» (1 Timoteo 2.8).

¿Cómo cambiar el panorama y el destino de nuestras ciudades y naciones? Proclamando con el ejemplo la Palabra del Señor que dice:

> Sométase toda persona a las autoridades superiores; porque no hay autoridad sino de parte de Dios, y las que hay, por Dios han sido establecidas. De modo que quien se opone a la autoridad, a lo establecido por Dios resiste; y los que resisten, acarrean condenación para sí mismos (Romanos 13.1-2).

Nuestra ciudad y nuestra misión

Dios tiene planes para nuestra ciudad y nuestra nación. Él desea redimirlas de los escombros y de las cenizas. Las buenas nuevas de salvación no sólo son para los individuos, sino para las ciudades. Cuando Jesucristo comenzó su ministerio de reconciliación las Escrituras nos revelan que entró en la sinagoga y desenrollando el libro del profeta Isaías, leyó:

> El Espíritu de Jehová el Señor está sobre mí, porque me ungió Jehová; me ha enviado a predicar buenas nuevas a los abatidos, a vendar a los quebrantados de corazón, a publicar libertad a los cautivos, y a los presos apertura de la cárcel; a proclamar el año de la buena voluntad de Jehová, y el día de venganza del Dios nuestro; a consolar a todos los enlutados (Isaías 61.1-2).

Lo que hemos visto claramente es que el texto de Isaías demuestra que la unción de Dios no concluye en el versículo 2, veamos lo que dice el profeta en los siguientes versículos:

> [Para] ordenar que a los afligidos de Sion se les dé gloria en lugar de ceniza, óleo de gozo en lugar de luto, manto de alegría en lugar del espíritu angustiado; y serán llamados árboles de justicia, plantío de Jehová, para gloria suya. Reedificarán las ruinas antiguas, y levantarán los asola-

mientos primeros, y restaurarán las ciudades arruinadas, los escombros de muchas generaciones[...] He aquí viene tu Salvador; he aquí su recompensa con Él, y delante de Él su obra. Y les llamarán Pueblo Santo, Redimidos de Jehová; y a ti te llamarán Ciudad Deseada, no desamparada (Isaías 61.2-4; 62.11-12).

Los rasgos que distinguen a una ciudad los establecen sus moradores, quienes a su vez determinan el curso y futuro de ella. De ahí que también definan los sistemas políticos, económicos, sociales, culturales y espirituales, haciendo de su ciudad una Sodoma o una Jerusalén.

Es por ello que nuestra misión como iglesia y pueblo de Dios es orar e interceder, predicar y proclamar, para que se arrepienta de su pecado y pueda recibir las bendiciones de Dios. El mensaje para las siete iglesias en las ciudades de Asia (Apocalipsis 2—3) es el mismo: «El que tiene oído, oiga lo que el Espíritu dice a las iglesias». Siempre la promesa es que si obedecen al Espíritu de Dios y vencen los obstáculos que cada una tiene, recibirán bendición de Dios.

Recientemente, en Colombia, durante una serie de conferencias sobre Guerra Espiritual, el Señor me dio una palabra profética para las ciudades de esa bella nación:

- *Santa Fe de Bogotá*, conocida como la Atenas de Sudamérica, es el nervio de la nación. El mensaje profético fue de que el Señor redimirá los dones de la ciudad y los usará para glorificarlo. Santa Fe de Bogotá será *LOS OÍDOS Y LA BOCA DEL SEÑOR* para Colombia.
- *Medellín*, conocida como la ciudad industrial de Colombia, pero al mismo tiempo como la sede de la violencia y del narcotráfico, lo que la ha convertido en una de las ciudades más violentas del continente, será redimida para convertirse en la ciudad más laboriosa para la obra del Señor, quien secará sus lágrimas y

calmará el dolor que sus moradores han sufrido por tantos años. Medellín será *EL CORAZÓN INTERCESOR* delante de Dios para Colombia.

- *Cali,* conocida como la capital de la cumbia y cuna de las mujeres más bellas, es también la ciudad con el índice más alto de SIDA en Latinoamérica. El Señor redimirá los dones de la ciudad para su gloria. Cali será *LOS PIES Y LAS MANOS DEL SEÑOR* de donde surgirán la adoración, la alabanza, la música y la danza para toda la nación y el continente.

Asimismo, podría hacer una lista de ciudades de Estados Unidos a las que el Señor va a redimir sus dones, como:

- *Los Ángeles,* California, llamada la ciudad de Nuestra Señora de los Ángeles. Fue fundada para ser un centro misionero católico, desde el cual saliera el mensaje cristiano para la nación. En verdad el «mensaje» de esta ciudad salió para afectar terriblemente a la nación y al mundo entero, pero no fue debido al mensaje cristiano, sino el del sexo enfermizo, la lujuria, el vicio y toda clase de sensualidad morbosa y espiritualidad satánica. El Señor redimirá los dones de esta ciudad para que desde ella salga el verdadero mensaje de salvación para todas las naciones. Por cierto, esta ciudad ya es sede del canal de televisión cristiano más grande del mundo. Es también sede de numerosas organizaciones misioneras y probablemente tiene el mayor número de cristianos evangélicos de Estados Unidos.
- *Miami,* Florida, conocida como la puerta de Estados Unidos, es sede del narcotráfico, el lavado de dólares, la santería, el vudú, la macumba. Desde las islas caribeñas le han llegado numerosas filosofías satánicas

originadas en el África negra, como *Rastafari, Changó, Orisha, Pocomanía, Jumbie, Obeah* y otras más. El mensaje profético es que de ella saldrá para el continente el mensaje de Dios con la música, la literatura y los recursos económicos.

La iglesia debe levantarse con la visión de orar e interceder por su ciudad. Jesús lo hacía y debemos seguir su ejemplo. Él iba por las aldeas y ciudades, predicando el evangelio del Reino de Dios. La Biblia dice, literalmente:

> Recorría Jesús todas las ciudades y aldeas, enseñando en las sinagogas de ellos, y predicando el evangelio del reino, y sanando toda enfermedad y toda dolencia en el pueblo. Y al ver las multitudes tuvo compasión de ellas; porque estaban desamparadas y dispersas como ovejas que no tienen pastor. Entonces dijo a sus discípulos: A la verdad la mies es mucha más los obreros pocos. Rogad, pues, al Señor de la mies, que envíe obreros a su mies (Mateo 9.35-38).

Los cristianos debemos causar impacto en nuestra ciudad y proclamar, con evidencias, la Palabra de Dios, porque el juicio sobre las ciudades que rehúsan arrepentirse es severo.

> Entonces comenzó a reconvenir a las ciudades en las cuales había hecho muchos de sus milagros, porque no se habían arrepentido, diciendo: ¡Ay de ti Corazín! ¡Ay de ti Betsaida! Porque si en Tiro y en Sidón, se hubieran hecho los milagros que han sido hechos en vosotras, tiempo ha que se hubieran arrepentido en cilicio y en ceniza. Por tanto os digo que en el día del juicio, será más tolerable el castigo para Tiro y para Sidón, que para vosotras. Y tú, Capernaum, que eres levantada hasta el cielo, hasta el Hades serás abatida; porque si en Sodoma se hubieran hecho los milagros que ha sido hechos en ti, habría permanecido hasta el día de hoy. Por tanto os digo que en el día del

juicio, será más tolerable el castigo para la tierra de Sodoma, que para ti (Mateo 11.20-24).

Espero que hayamos entendido cuál es nuestra misión en nuestra ciudad y en nuestra nación. Comencemos a orar por su cumplimiento. He aquí un modelo para esa oración:

Señor, permítenos reconocer cuáles son las fuerzas del mal que nos atacan y concédenos ver al hombre fuerte.

Satanás, venimos contra ti en este momento. En el nombre de Jesús de Nazaret declaramos que tus planes de hurtar, matar y destruir no tendrán efecto. Declaramos rota tu influencia sobre los habitantes de nuestra ciudad y de nuestra nación. Declaramos nula tu influencia y tu engaño sobre nuestra juventud, nuestros hogares, nuestros maestros y nuestras autoridades.

Señor, ayuda a nuestros gobernantes para que rechacen toda influencia que viole tus principios espirituales. Dirígelos para que puedan legislar y gobernar sabiamente. Clamamos a ti para que prevalezca la justicia en todo y en todos. Libera a nuestras ciudades y a nuestras naciones de la violencia, el crimen, la inmoralidad y la infidelidad conyugal. Derrama tu bendición sobre ellas. En el nombre de Jesús de Nazaret, ¡AMÉN!

SEGUNDA PARTE

LA CARTOGRAFÍA ESPIRITUAL

Si queremos comprender la razón por la cual las cosas están como están hoy en día, es necesario examinar primeramente lo que ocurrió ayer. El determinar que existen fortalezas territoriales no es suficiente. También debemos resolver el problema de su origen: ¿De dónde vinieron? ¿Cómo fueron establecidas?

La cartografía espiritual nos permite observar lo que yace bajo la superficie del mundo material.

George Otis, Jr.
Presidente y fundador de *The Sentinel Group*

Capítulo 5

¿QUÉ ES?

No ceso de dar gracias por vosotros, haciendo memoria de vosotros en mis oraciones, para que el Dios de nuestro Señor Jesucristo, el Padre de gloria, os dé espíritu de sabiduría y de revelación en el conocimiento de Él, alumbrando los ojos de vuestro entendimiento, para que sepáis cuál es la esperanza a que Él os ha llamado, y cuáles las riquezas de la gloria de su herencia en los santos, y cuál la supereminente grandeza de su poder para con nosotros los que creemos, según la operación del poder de su fuerza (Efesios 1.16-19).

Él muda los tiempos y las edades; quita reyes, y pone reyes; da la sabiduría a los sabios y la ciencia a los entendidos. Él revela lo profundo y lo escondido; conoce lo que está en tinieblas y con Él mora la luz (Daniel 2.21-22).

Aunque hay numerosas definiciones del término «cartografía espiritual», el consenso general es que se trata de una nueva y poderosa manera de observar las fuerzas profundas que operan en la vida y experiencia diarias de ciudades y naciones.

George Otis Jr., autor del libro *Last of the Giants* [El último de los gigantes], miembro del Grupo Centinela y director del grupo de investigación de AD 2000, es quizás la persona más conocedora de esta materia. Él define el término con estas palabras:

> **La cartografía espiritual es un medio por el cual imponemos nuestro conocimiento de las fuerzas y hechos en**

el ámbito espiritual sobre sitios y circunstancias del ámbito natural.[1]

Aunque la cartografía espiritual no manipula ni las circunstancias ni la realidad circundante, nos ayuda a observar las causas escondidas de los fenómenos que nos rodean, que no son detectables por el ojo natural.

Cindy Jacobs, una amiga especial y compañera de ministerio, miembro de la «Red de Guerra Espiritual», autora del libro *Conquistemos las puertas del enemigo* y directora del grupo Generales de Intercesión, dice:

> La cartografía espiritual[...] es la investigación en una ciudad para descubrir cualquier sendero de penetración que Satanás haya abierto, para prevenir la extensión del evangelio y la evangelización de una ciudad para Cristo.[2]

C. Peter Wagner, dice:

> La cartografía espiritual es un intento de ver el mundo alrededor nuestro como realmente es, no como parece ser.[3]

El apóstol Pablo lo corrobora al decirnos que no debemos mirar «las cosas que se ven, sino las que no se ven; pues las cosas que se ven son temporales, pero las que no se ven son eternas» (2 Corintios 4.18).

Mi compañero Harold Caballeros, fundador y pastor de la iglesia El Shaddai de la ciudad de Guatemala, miembro de la Red de Guerra Espiritual y coordinador regional para

---

1 George Otis Jr., *Last of the Giants*, Chosen Books, Tarrytown, NY, 1991, p. 85.
2 Cindy Jacobs, *La destrucción de fortalezas en su ciudad*, C. Peter Wagner, ed., Editorial Betania, Miami, FL, 1995, p. 80.
3 C. Peter Wagner, en la «Introducción» de *La destrucción de fortalezas en su ciudad*, C. Peter Wagner, ed., p. 7.

Centro América del «Movimiento Unido de Oración de AD 2000», define a la cartografía espiritual de esta manera:

> La cartografía espiritual es una de las revelaciones que Dios nos ha dado para alcanzar a los billones de nuestra generación. Es uno de los secretos de Dios que nos permite abrir nuestros «radares» espirituales para mostrarnos las situaciones del mundo desde la perspectiva de Dios, *espiritualmente*, y no como por lo general la vemos, *naturalmente*.
>
> Si yo definiera la cartografía espiritual, diría que es la revelación de Dios de las condiciones espirituales del mundo en que vivimos. Es una visión que nos lleva más allá de nuestros sentidos naturales y, por medio del Espíritu Santo, nos revela las huestes espirituales de maldad que dominan ciudades y naciones.
>
> La cartografía espiritual nos revela una imagen o fotografía de la situación en los lugares celestiales. Lo que los rayos X son para el cirujano, la cartografía espiritual es para un intercesor. Es una visión sobrenatural que nos enseña las líneas del enemigo, su sitio, su número, su armamento y, sobre todo, la manera en que podemos derrotarlo.
>
> La cartografía espiritual desempeña el mismo papel que el espionaje o el servicio de inteligencia desempeñan en la guerra. Nos indica lo que hay en las líneas enemigas. Es un arma espiritual, estratégica y sofisticada, poderosa en Dios, que nos ayuda a derribar las fortalezas.[4]

Víctor Lorenzo es nativo de Argentina y trabaja con «Evangelismo de Cosecha». Su don de discernimiento le ha permitido hacer una cartografía espiritual de las ciudades de Resistencia y La Plata. Es secretario de la «Red de Guerra Espiritual» del Cono Sur y coordinador nacional del «Movi-

4 Harold Caballeros, *Derrotando al enemigo con la ayuda de la cartografía espiritual*, p. 125.

miento Unido de Oración para AD 2000». Él nos da la siguiente definición:

> La cartografía espiritual combina la investigación, la revelación divina y las evidencias confirmatorias para darnos la información exacta acerca de las identidades, estrategias y métodos empleados por las potestades de las tinieblas que influyen en la gente y en las iglesias de una región.
>
> Es como el servicio de inteligencia del ejército, por medio del cual es posible infiltrarse en las líneas enemigas para conocer sus planes y sus fortificaciones. Como dice Kyell Sjoberg, por medio de ella hacemos *espionaje espiritual*.[5]

La cartografía espiritual es un proceso y no un acontecimiento. La investigación y conocimiento de las raíces culturales, históricas, políticas y religiosas de los pueblos nos permiten discernir y conocer el porqué de las situaciones presentes en ese pueblo.

Los mapas espirituales ayudan a los *hallados* a *encontrar* a los perdidos. Nos revelan dónde están los grupos no alcanzados aún, quiénes son, cuáles son sus creencias y cuáles sus raíces de idolatría.

> Pero si nuestro evangelio está aún encubierto, entre los que se pierden está encubierto; en los cuales el dios de este siglo cegó el entendimiento de los incrédulos, para que no les resplandezca la luz del evangelio de la gloria de Cristo, el cual es la imagen de Dios (2 Corintios 4.3-4).

El conocimiento espiritual de muchos cristianos, que a pesar de su trabajo no pueden ver el fruto, se parece al de aquel niño que estando perdido llamó a su mamá para decírselo. Al preguntarle ella dónde se encontraba, el chiquillo

---

5 Víctor Lorenzo, *Evangelizando una ciudad dedicada a las tinieblas*, pp. 177-178.

respondió sinceramente: «Si lo supiera, no estaría perdido». Tal vez esta anécdota nos ayude a comprender la urgente necesidad de la cartografía espiritual, porque «si no sabemos a dónde vamos, cualquier camino nos llevará allí».

Debo aclarar que no toda la cartografía espiritual nos permite conocer las obras de las tinieblas, sino también podemos ver las áreas redentoras y los dones de las ciudades y las naciones. Este entendimiento nos permite utilizar esos dones para su propio bienestar y para la proclamación del evangelio.

> Toda investigación está sujeta a una cualidad que nace de una relación sana y perfecta con Dios, que se manifiesta en amor hacia los perdidos. Los resultados pueden ser verificados (o desacreditados) fácilmente por la historia, por la observación y por la Palabra de Dios.[6]

Como vemos, la cartografía espiritual es un proceso de examen de las raíces de los pueblos que nos revela la dimensión sobrenatural en la que se encuentran. Como resultado, obtenemos un mapa espiritual detallado, con fronteras, capitales, ciudades y frentes de batalla, muy diferente al que podemos observar a simple vista políticamente. En este mapamundi espiritual las creencias como el budismo, hinduismo, islamismo, espiritismo, vuduismo, santería, macumba, sincretismo y materialismo no son simples filosofías, sino verdaderas fortalezas espirituales en las que se encuentran esclavizados billones de seres humanos subyugados bajo el poder de una jerarquía de autoridades demoníacas.

> Porque no tenemos lucha contra sangre y carne, sino contra principados, contra potestades, contra los gobernado-

6 George Otis, Jr., *Una ojeada a la cartografía espritual*, p. 33.

res de las tinieblas de este siglo, contra huestes espirituales de maldad en las regiones celestes (Efesios 6.12).

Valor de la cartografía espiritual

La cartografía espiritual es un gran medio de información en la guerra espiritual. El propósito de esa guerra es alcanzar a los perdidos y destruir las obras del maligno. Por lo tanto, tiene mucho valor en la evangelización y en la determinación de la estrategia a seguirse en la batalla.

Cuanto más conozcamos la estrategia y métodos de nuestro enemigo, mayor facilidad tenemos para contrarrestar sus ataques y derribar sus fortalezas. Si sabemos cómo hacerlo, el resultado puede ser un avivamiento espiritual en nuestras regiones, ciudades y naciones, una reforma política y social que cambie el estado de una zona de manera que venga un derramamiento del Espíritu de Dios que traiga libertad.

George Otis Jr., dice:

> Los que se toman el tiempo tanto de hablar y de escuchar a Dios antes de lanzarse en aventuras de ministerio, no solamente que se hallarán en el lugar preciso en el momento apropiado, sino que también sabrán qué hacer cuando lleguen a tal punto.[7]

Hace algunos años, observaba un encuentro pugilístico entre el famoso boxeador Mohamed Alí (Cassius Clay) y alguien cuyo nombre no recuerdo. La destreza y agilidad de Alí le permitían jugar con su contrincante. En vano este lo perseguía por todo el cuadrilátero lanzando golpes que rara vez daban en el blanco. Era obvio que el boxeador no tenía

---

7 George Otis, Jr., «Operation Second Chance» [Operación Segunda Oportunidad], un documento circulado previamente por The Sentinel Group, 1992, p. 19.

el adiestramiento ni la capacidad para golpear a Alí. Muchos cristianos se parecen a este pugilista. Lanzan muchos golpes y se esfuerzan demasiado. Pronto se cansan y desfallecen. A la larga, se convierten en víctimas en vez de vencedores y se retiran del campo de batalla frustrados, decepcionados y abatidos. Viene a nuestra mente la milenaria sentencia bíblica: «Mi pueblo fue destruido porque le faltó conocimiento» (Oseas 4.6).

Para muchos cristianos, la oración y la intercesión para alcanzar a sus vecindarios o ciudades para Cristo son simplemente un hábito que expresa a Dios sus buenas intenciones. Aunque reconocen la autoridad y el señorío de Cristo, sin embargo, no sienten un deseo ferviente de alcanzar a los perdidos, ni tienen la convicción suficiente para causar impacto en el ámbito espiritual. Son como las oraciones para bendecir los alimentos en la mesa, un hábito y un rito, pero no un sincero agradecimiento por la provisión divina.

Antes de intentar lanzarnos al ataque, para reconquistar nuestras ciudades y naciones para Cristo, es necesario conocer las circunstancias y la naturaleza del conflicto, a fin de poder atar al hombre fuerte y lograr poner en libertad a los cautivos en el nombre del Señor.

> Sabiendo Jesús los pensamientos de ellos les dijo: Todo reino dividido contra sí mismo, es asolado, y toda ciudad o casa dividida contra sí misma, no permanecerá. Y si Satanás echa fuera a Satanás, contra sí mismo está dividido; ¿cómo, pues, permanecerá su reino? Y si yo echo fuera los demonios por Beelzebú, ¿por quién los echan vuestros hijos? Por tanto, ellos serán vuestros jueces. Pero si yo por el Espíritu de Dios echo fuera los demonios, ciertamente ha llegado a vosotros el reino de Dios (Mateo 12.25-29).

La clave está en conocer las artimañas o maquinaciones del enemigo para que Satanás no gane ventaja sobre nosotros. Dios quiere revelar su multiforme sabiduría a la Iglesia.

Dicha sabiduría vendrá mediante un estudio cuidadoso de la Palabra de Dios, mucho tiempo de íntima comunión con Dios y un conocimiento de las raíces culturales, religiosas, económicas, sociales y políticas de los pueblos.

Dice la Biblia que cuando David formó su ejército, vinieron muchos cuyos nombres aparecen en 1 Crónicas 12: «De los hijos de Isacar, doscientos principales, entendidos en los tiempos, y que sabían lo que Israel debía hacer, cuyo dicho seguían todos sus hermanos» (12.32).

Hay que saber discernir y saber qué hacer, para lo cual es necesario tener tres clases de información: histórica, social y espiritual. Esto es precisamente lo que nos brinda la cartografía espiritual. Una vez que tengamos esa información, podremos desarrollar un plan de acción para reconquistar nuestras ciudades y nuestras naciones para Cristo.

Capítulo 6

ANTECEDENTES BÍBLICOS

Y Jehová habló a Moisés, diciendo: Envía tú hombres que reconozcan la tierra de Canaán, la cual yo doy a los hijos de Israel; de cada tribu de sus padres enviaréis un varón, cada uno príncipe entre ellos (Números 13.1-2).

Al viajar por varios países de Hispanoamérica y Surasia, me he dado cuenta que cuando se menciona el término «cartografía espiritual», la gran mayoría de los que escuchan se quedan perplejos porque no lo reconocen, debido a que no se encuentra en ninguno de los libros de la Biblia. Pero una vez definido, es fácil reconocerlo en muchos pasajes tanto del Antiguo como del Nuevo Testamentos. Muchas veces la Biblia habla del conflicto de fuerzas cósmicas, de la realidad del mundo espiritual, de la importancia de la guerra espiritual, de la necesidad de reconocer el campo del enemigo, de la existencia de los seres de luz y de tinieblas y de su influencia en nuestras vidas y destinos.

En la cultura occidental, la dimensión espiritual ha perdido importancia y la Iglesia ha sido en gran parte responsable de esta indiferencia a las cosas espirituales, pues la influencia de las filosofías y la ciencias humanistas y materialistas ha penetrado en los seminarios y en los púlpitos. Sin embargo, cada ser humano lleva grabado dentro de su ser las huellas de su Creador y el presentimiento de lo sobrenatural. Por eso, cuando no halla la respuesta a sus interrogantes dentro de la iglesia, busca otros caminos que le permitan

incursionar en el ámbito espiritual. De ahí el crecimiento de las religiones y filosofías orientales, el satanismo, la brujería, el espiritismo, el espiritualismo, la Nueva Era, etc.

A pesar de que no hay ningún pronunciamiento oficial, ni puede haberlo puesto que no hay una voz oficial, la iglesia evangélica y fundamental demuestra, si no resistencia, al menos indiferencia a la teología de la guerra espiritual. Parece que su falta de conocimiento en esta área viene desde siglos atrás. Pero ahora Dios está dándonos de nuevo este conocimiento porque Él quiere un ejército preparado para el gran conflicto de los últimos tiempos, y no una simple congregación religiosa.

Mi propósito es, entonces, referirme a muchos pasajes que reflejan y nos dan antecedentes bíblicos de la cartografía espiritual.

Preparativos para la conquista de Canaán

Si tenemos un poco de discernimiento, nos percataremos de que algunos pasajes de la Biblia podrían darnos referencias para el levantamiento de la cartografía espiritual. Por ejemplo, en Números 13.17-21, encontramos lo siguiente:

> Los envió, pues, Moisés a reconocer la tierra de Canaán, diciéndoles: subid de aquí al Neguev, y subid al monte, y observad la tierra cómo es, y el pueblo que la habita, si es fuerte o débil, si poco o numeroso; cómo es la tierra habitada, si es buena o mala; y cómo son las ciudades habitadas, si son campamentos o plazas fortificadas; y cómo es el terreno, si es fértil o estéril, si en él hay árboles o no; y esforzaos y tomad del fruto del país. Y era el tiempo de las primeras uvas. Y ellos subieron, y reconocieron la tierra desde el desierto de Zin hasta Rehob, entrando en Hamat.

Este Moisés fue un hombre grande y poderoso en la tierra de Egipto. Por la providencia divina, lo criaron como principe, pues Dios tenía sus planes para él: «Pero siendo expuesto a la muerte, la hija de Faraón lo recogió y le crió como a hijo suyo» (Hechos 7.21).

Según el historiador Flavio Josefo, a Moisés lo prepararon en Egipto para la guerra y fue el general que comandó los ejércitos egipcios en la conquista de Etiopía. Además, sabemos que fue un hombre poderoso en palabra y acción.

Con vista a preparar al pueblo de Israel para la conquista de Canaán, Moisés envió espías a la tierra del Neguev con instrucciones especiales para observar la topografía, las condiciones físicas y naturales, el tamaño de las ciudades, el tamaño de sus ejércitos, etc. La expedición tardó cuarenta días en esta observación y luego presentó un informe detallado de su investigación.

> Y volvieron de reconocer la tierra al fin de cuarenta días. Y anduvieron y vinieron a Moisés y Aarón, y a toda la congregación de los hijos de Israel, en el desierto de Parán, en Cades, y dieron la información a ellos y a toda la congregación, y les mostraron el fruto de la tierra. Y les contaron, diciendo: Nosotros llegamos a la tierra a la cual nos enviaste, la que ciertamente fluye leche y miel; y este es el fruto de ella. Mas el pueblo que habita aquella tierra es fuerte, y las ciudades muy grandes y fortificadas; y también vimos allí a los hijos de Anac. Amalec habita el Neguev, y el heteo, el jebuseo y el amorreo habitan en el monte, y el cananeo habita junto al mar, y a la ribera del Jordán. Entonces Caleb hizo callar al pueblo delante de Moisés, y dijo: Subamos luego, y tomemos posesión de ella; porque más podremos nosotros que ellos. Mas los varones que subieron con él, dijeron: No podremos subir contra aquel pueblo, porque es más fuerte que nosotros. Y hablaron mal entre los hijos de Israel, de la tierra que habían reconocido, diciendo: La tierra por donde pasamos para reconocerla, es tierra que traga a sus moradores; y todo el pueblo que vimos en medio de ella son hombres de grande estatura. También vimos allí gigantes, hijos de

> Anac, raza de los gigantes, y éramos nosotros, a nuestro parecer, como langostas; y así les parecíamos a ellos (Números 13.25-33).

Vemos aquí un ejemplo de investigación antes de una acción. Llevado al campo espiritual, esto nos enseña la necesidad de levantar la cartografía espiritual para saber cómo nos atacan y cómo atacamos.

Josué y la cartografía espiritual

El segundo ejemplo de espionaje lo hallamos en el libro de Josué:

> Y Josué dijo a los hijos de Israel: ¿Hasta cuándo seréis negligentes para venir a poseer la tierra que os ha dado Jehová el Dios de vuestros padres? Señalad tres varones de cada tribu, para que yo los envíe, y que ellos se levanten y recorran la tierra, y la describan conforme a sus heredades, y vuelvan a mí. Y la dividirán en siete partes; y Judá quedará en su territorio al sur, y los de la casa de José en el suyo al norte. Vosotros, pues, delinearéis la tierra en siete partes, y me traeréis la descripción aquí, y yo os echaré suertes aquí delante de Jehová nuestro Dios (Josué 18.3-6).

El gran veterano de la expedición de Canaán envía veintiún agentes para observar y traer una completa descripción cartográfica del territorio. En este pasaje podemos leer de los resultados. Sin duda, Josué pudo dividir la tierra basado en esta investigación y es evidente que lo hizo porque los mapas los prepararon estos «cartógrafos».

Aunque en estas dos ocasiones la Biblia no aclara mucho sobre la implicación espiritual de la cartografía, es evidente que la conquista de estas regiones trajo cambios culturales, sociales y espirituales.

Sin duda, la aplicación espiritual de este pasaje nos da una base para la posesión de la «tierra» espiritual luego de reconquistarla del poder del enemigo. Claro, después de esta investigación, Josué divide la tierra. Sin embargo, a lo que quiero llamar la atención es a la planificación sobre el terreno que es necesario hacer antes de emprender una acción.

Ezequiel diseña un mapa de Jerusalén

En el libro de Ezequiel encontramos un maravilloso ejemplo de la implicación espiritual de un mapa de la ciudad de Jerusalén. Dios instruye al profeta para que emprenda una guerra espiritual mediante el «sitio» de la ciudad en oración, a fin de echar fuera la iniquidad de Israel y Judá:

> Tú, hijo de hombre, tómate un adobe, y ponlo delante de ti, y diseña sobre él la ciudad de Jerusalén. Y pondrás contra ella sitio, y edificarás contra ella fortaleza, y sacarás contra ella baluarte, y pondrás delante de ella campamento, y colocarás contra ella arietes alrededor. Tómate también una plancha de hierro, y ponla en lugar de muro de hierro entre ti y la ciudad; afirmarás luego tu rostro contra ella, y será en lugar de cerco, y la sitiarás. Es señal a la casa de Israel. Y tú te acostarás sobre tu lado izquierdo y pondrás sobre él la maldad de la casa de Israel. El número de los días que duermas sobre él, llevarás sobre ti la maldad de ellos. Yo te he dado los años de su maldad por el número de los días, trescientos noventa días; y así llevarás tú la maldad de la casa de Israel. Cumplidos éstos, te acostarás sobre tu lado derecho segunda vez, y llevarás la maldad de la casa de Judá cuarenta días; día por año, día por año te lo he dado. Al asedio de Jerusalén afirmarás tu rostro, y descubierto tu brazo, profetizarás contra ella. Y he aquí he puesto sobre ti ataduras, y no te volverás de un lado a otro, hasta que hayas cumplido los días de tu asedio (Ezequiel 4.1-8).

El juicio que Dios decreta para la ciudad de Jerusalén es el resultado de la condición espiritual de sus habitantes:

> Así ha dicho Jehová el Señor: Esta es Jerusalén; la puse en medio de las naciones y de las tierras alrededor de ella. Y ella cambió mis decretos y mis ordenanzas en impiedad más que las naciones, y más que las tierras que están alrededor de ella; porque desecharon mis decretos y mis mandamientos, y no anduvieron en ellos. Por tanto, así ha dicho Jehová: ¿Por haberos multiplicado más que las naciones que están alrededor de vosotros, no habéis andado en mis mandamientos, ni habéis guardado mis leyes? Ni aun según las leyes de las naciones que están alrededor de vosotros habéis andado. Así, pues, ha dicho Jehová el Señor: He aquí yo estoy contra ti; sí, yo, y haré juicios en medio de ti ante los ojos de las naciones. Y haré en ti lo que nunca hice, ni jamás haré cosa semejante, a causa de todas tus abominaciones. Por eso los padres comerán a los hijos en medio de ti, y los hijos comerán a sus padres; y haré en ti juicios, y esparciré a todos los vientos todo lo que quedare de ti. Por tanto, vivo yo, dice Jehová el Señor, ciertamente por haber profanado mi santuario con todas tus abominaciones, te quebrantaré yo también; mi ojo no perdonará, ni tampoco tendré yo misericordia. Una tercera parte de ti morirá de pestilencia y será consumida de hambre en medio de ti; y una tercera parte caerá a espada alrededor de ti; y una tercera parte esparciré a todos los vientos, y tras ellos desenvainaré espada. Y se cumplirá mi furor y saciaré en ellos mi enojo, y tomaré satisfacción; y sabrán que yo Jehová he hablado en mi celo, cuando cumpla en ellos mi enojo (Ezequiel 5.5-13).

La cartografía espiritual en la toma de una ciudad

En el libro de Hechos encontramos un pasaje muy claro sobre la cartografía espiritual y su importancia para revelar la clave para tomar una ciudad entregada a la idolatría y a las filosofías humanas. Pablo se encuentra en Atenas, a la espera de sus compañeros Timoteo y Silas. Durante ese tiempo, observó detenidamente la ciudad. Visitó el mercado, conversó con los filósofos y estudió los escritos. Con una carga en su corazón, se presenta en medio del aerópago, diciendo:

> Varones atenienses, me he dado cuenta que ustedes son muy religiosos [otra versión dice *muy supersticiosos en todo*]; porque pasando y mirando vuestros santuarios, hallé también un altar en el cual estaba esta inscripción: AL DIOS NO CONOCIDO (Hechos 17.22-23).

Al levantar la cartografía de la ciudad, Pablo supo cómo apelar a su gente para conducirlos al arrepentimiento y evangelizarlos. Les dijo:

> Pero Dios, habiendo pasado por alto los tiempos de esta ignorancia, ahora manda a todos los hombres en todo lugar, que se arrepientan; por cuanto ha establecido un día en el cual juzgará al mundo con justicia, por aquel varón a quien designó, dando fe a todos con haberle levantado de los muertos. Pero cuando oyeron lo de la resurrección de los muertos, unos se burlaban, y otros decían: Ya te oiremos acerca de esto otra vez. Y así Pablo salió de en medio de ellos (Hechos 17.30-33).

En resumen, la cartografía espiritual nos permite discernir la estrategia antes de entrar en la guerra espiritual. Tenemos que entrar en ella con oración y ayuno para destruir las obras del maligno y ganar almas para Cristo.

La cartografía espiritual debe contestar estas tres preguntas:

¿Qué problemas están sucediendo?

¿Cuáles son las causas de estos problemas?

¿Qué podemos hacer para cambiar la situación?

Capítulo 7

BABILONIA, CUNA DEL PAGANISMO

Y en su frente un nombre escrito, un misterio:

BABILONIA LA GRANDE,

LA MADRE DE LAS RAMERAS

Y DE LAS ABOMINACIONES DE LA TIERRA[...]

Me dijo también: Las aguas que has visto donde la ramera se sienta, son pueblos, muchedumbres, naciones y lenguas[...] Y la mujer que has visto es la gran ciudad que reina sobre los reyes de la tierra[...] Y clamó con voz potente, diciendo: Ha caído, ha caído la gran Babilonia, y se ha hecho habitación de demonios y guarida de todo espíritu inmundo, y albergue de toda ave inmunda y aborrecible (Apocalipsis 17.5,15,18; 18.2).

En el principio

La Biblia declara que en el principio Dios creó los cielos y la tierra (Génesis 1.1). En el versículo 2 dice que la tierra estaba desordenada y vacía. Entre el versículo 1 y 2 de Génesis hay un intervalo. En ese período la tierra se tornó desordenada y vacía. En el texto hebreo la palabra «estaba» del versículo 2 es la misma usada en Génesis 19.26: «volvió» (hebreo: *tohú va bohú*). Por otros pasajes bíblicos comprendemos que Dios no creó la tierra desordenada y vacía, sino que después de crearla hermosa, esta se volvió de esa manera.

Porque Él «todo lo hizo hermoso en su tiempo[...] sin que alcance el hombre a entender la obra que ha hecho Dios desde el principio» (Eclesiastés 3.11).

Es imposible tratar de entender lo sucedido en el intervalo entre los versículos 1.1 y 1.2 de Génesis. El hecho de que la tierra estaba en tinieblas y de que las aguas cubrían toda la tierra confirma la teoría científica de que hace miles de años hubo una total congelación de la tierra llamada la Edad de Hielo, quedando ahora los polos norte y sur como un rezago de esa etapa formativa de la tierra. Tenemos también los fósiles de los grandes animales prehistóricos recordándonos el cataclismo que produjo grandes cambios en la topografía universal que hoy podemos observar. Ahora vemos el mundo y la naturaleza como están, pero no entenderíamos su condición actual a menos que conozcamos el pasado. Para entender el presente, necesitamos conocer el pasado. Necesitamos percatarnos del conflicto de las edades entre los reinos de la luz y las tinieblas.

Contemplamos el mal dominando el mundo y la humanidad. Vemos al pecado enseñoreándose sobre la raza humana. Observamos la esclavitud y las ataduras oprimiendo al ser humano, pero no comprenderemos la profunda realidad que hay en todo esto hasta que no conozcamos lo sucedido en el pasado.

Antes de la creación del hombre se creó Lucifer, un ser angélico casi perfecto hecho para alabar a Dios. La Biblia nos dice que se rebeló contra Dios y por eso lo echaron de los cielos y lanzaron a la tierra junto con todos sus ángeles. Ellos trajeron un caos total pues, según Isaías, «abatió a las naciones».

> Después hubo una gran batalla en el cielo: Miguel y sus ángeles luchaban contra el dragón; y luchaban el dragón y sus ángeles; pero no prevalecieron ni se halló ya lugar para ellos en el cielo. Y fue lanzado fuera el gran dragón, la

serpiente antigua, que se llama diablo y Satanás, el cual engaña al mundo entero; fue arrojado a la tierra, y su ángeles fueron arrojados con él (Apocalipsis 12.7-9).

Cuando cayó en la tierra, comenzó a ejercer su dominio sobre ella.

Lucifer cayó del cielo hacia abajo. El sitio donde cayó estaba debajo de los cielos[...] Siempre fue la intención de Dios que la creación tanto de los cielos como de la tierra formaran una antífona de adoración y alabanza. El dominio de Lucifer era la tierra, desde donde elevaba adoración y alabanza al Dios de los cielos.[1]

¡Cómo caíste del cielo, o Lucero, hijo de la mañana! Cortado fuiste por tierra, tú que debilitabas a las naciones. Tú que decías en tu corazón: Subiré al cielo; en lo alto, junto a las estrellas de Dios, levantaré mi trono, y en el monte del testimonio me sentaré, a los lados del norte; sobre las alturas de las nubes subiré, y seré semejante al Altísimo. Mas tú derribado eres hasta el Seol, a los lados del abismo. Se inclinarán hacia ti los que te vean, te contemplarán, diciendo: ¿Es éste aquel varón que hacía temblar la tierra, que trastornaba los reinos; que puso el mundo como un desierto, que asoló sus ciudades, que a sus presos nunca abrió la cárcel? (Isaías 14.12-17).

Jesucristo también mencionó la caída de Lucifer, indicando con esto, de paso, su eternidad:

Yo veía a Satanás caer del cielo como un rayo (Lucas 10.18).

Es posible que, después de un largo período de decadencia y de maldad, Dios derramara su juicio sobre la tierra. Las aguas la inundaron y se congelaron destruyendo todo ser viviente. La luz fue quitada y hubo tinieblas por mucho

---

1 Bob Yandian, *Precepts*, enero/febrero de 1994.

tiempo. La Edad de Hielo dio la presente constitución geológica a la tierra formando el petróleo y el gas que ahora nos son de utilidad. El mal que provocó Satanás, de alguna manera Dios lo revertió en bien.

> El primer versículo de Génesis nos relata la creación del universo. El versículo 2 nos habla de la tierra bajo el juicio de Dios y a partir del versículo 3 se relata la restauración de la tierra. La creación original fue instantánea, en cambio la recreación tardó seis días. ¿Qué le sucedió a la creación? No lo sabemos. Donde la Biblia es silenciosa, nosotros también debemos serlo.[2]

El huerto del Edén

Dios estableció el huerto del Edén, que significa «deleite», para establecer su trono en la tierra y desde allí ejercer autoridad por medio del hombre. Dios deseaba tener comunión con él, recibir alabanza y derramar su sabiduría y su bendición a toda la creación.

> Todos los llamados de mi nombre; para gloria mía los he creado, los formé y los hice[...] Este pueblo he creado para mí; mis alabanzas publicará (Isaías 43.7,21).

> Trágicamente, como lo revela el libro de Génesis, Satanás se infiltró en el Edén. Motivado por su odio, el enemigo se propuso transformar este Huerto del Deleite en un basurero espiritual. Por consiguiente, al menos durante los últimos siete mil años, la tierra de Mesopotamia que rodea el antiguo sitio del Edén ha servido como una guarida de demonios, depredadores espirituales, que quieren devastar la obra de Dios. Infiltrados en las civilizaciones de Asiria, Babilonia, y recientemente Irak, han forjado una cultura de idolatría, depravación y violencia.[3]

---

2 *Ibid.*
3 George Otis, Jr., «Today's Spiritual Battlefield» [La batalla espiritual de hoy en día],

Desde el derramamiento de la sangre de Abel a manos de su hermano Caín, las generaciones subsiguientes se pervirtieron cada vez más hasta que Dios vio que tenía que destruirlas, a excepción de Noé y su familia, mediante un diluvio universal.

El historiador Flavio Josefo dice que de los hijos de Lamec, Noé fue el mayor, pero que Lamec tuvo setenta y siete hijos con sus dos esposas Ada y Zila:

> De los hijos de Ada uno era Jabal, el cual erigió tiendas y amó la vida de pastor. Pero Jubal, quien nació de la misma madre, se ejercitó en la música e inventó el salterio y el arpa. Tubal, uno de los hijos de su otra esposa, sobrepasó a todos los hombres en fuerza y se volvió experto y famoso en las artes marciales. De esa manera procuraba lo que era placentero al cuerpo. También inventó la artesanía del cobre.[4]

Los descendientes de Set, un hombre virtuoso y de excelente carácter, heredaron la buena disposición de su padre. Según Josefo, fueron estos los que «inventaron el conocimiento de los astros celestiales y su orden [astronomía], y para que sus conocimientos no se perdieran antes de que fueran extensamente conocidos, puesto que Adán había predicho que el mundo se destruiría dos veces, una por el agua y otra por el fuego, hicieron dos pilares [columnas], una de ladrillo y otra de masonería e inscribieron sus conocimientos en ellas»[5] para que cualquiera de las dos prevaleciera después de estas catástrofes.

> La posteridad de Set continuó honrando a Dios como el Señor del Universo y teniendo un alto respeto hacia la virtud durante siete generaciones, pero con el transcurrir

Charisma Magazine, abril de 1991, p. 60.

4 Flavio Josefo, *Antigüedades de los judíos*, Clie, Ft. Lauderdale, FL, cap. ii, p. 27.

5 *Ibid.*

del tiempo se pervirtieron y abandonaron las costumbres de sus antepasados, no atribuyeron a Dios el honor que requería, ni tampoco se preocuparon por ser justos con otros. Mostraron un doble grado de perversidad: se hicieron enemigos de Dios y se juntaron con mujeres extranjeras y con ellas concibieron hijos que fueron injustos y despreciadores de todo lo bueno.[6]

Nimrod, descendiente de Noé y fundador de Babilonia

Después del diluvio, Noé maldijo a los descendientes de su hijo Cam, en especial a Canaán. Los hijos de Cam fueron Cus, Mizraim, Fut y Canaán.

> Y Cus engendró a Nimrod, quien llegó a ser el primer poderoso en la tierra. Este fue vigoroso cazador delante de Jehová; por lo cual se dice: Así como Nimrod, vigoroso cazador delante de Jehová. Y fue el comienzo de su reino Babel, Erec, Acad y Calne, en la tierra de Sinar (Génesis 10.8-10).

En la persona de Nimrod, Satanás halló el instrumento perfecto para traer confusión a la humanidad. Nimrod, como Satanás, buscaba la adoración y las alabanzas de los seres humanos y comenzó a edificar su propio reino totalitario basado en el espíritu del antidiós. Mediante la violencia y la tiranía, sujetó a la humanidad a su gobierno.

> Con elocuencia y por la fuerza, Nimrod convenció a los hombres que no había un solo Dios, sino muchos. Estos dioses tenían que verse y palparse para poder adorarlos, entonces Nimrod instruyó a sus artesanos para que construyeran ídolos.[7]

6 *Ibid.*, p. 28.
7 B. Larson, *Babylon Reborn* [Babilonia renacida], 1987, p. 11.

Nimrod comenzó entonces a edificar ciudades como Babel, que llegó a ser conocida como la «puerta de los dioses» porque tenía alrededor de cuatro mil dioses asociados con su cultura politeísta.

> Babel, del caldeo *Bab-ilu*, significa «puerta de dioses». En la edificación de la torre de Babel se utilizó la masonería. El rey de Babilonia era un masón y amaba esta ciencia. Y para la construcción de la ciudad de Nínive y otras ciudades al este, Nimrod envió tres mil masones por petición del rey de Nínive, su primo.[8]

Fue allí, en Babilonia, donde Nimrod estableció la adoración a la creación en vez de al Creador, idolatrando al sol, la luna y las estrellas. Allí comenzaron a edificar un *zigurat*, es decir, una torre que les acercara a los cielos.

> Pues habiendo conocido a Dios, no le glorificaron como a Dios, ni le dieron gracias, sino que se envanecieron en sus razonamientos, y su necio corazón fue entenebrecido. Profesando ser sabios, se hicieron necios, y cambiaron la gloria del Dios incorruptible en semejanza de imagen de hombre corruptible, de aves, de cuadrúpedos y de reptiles. Por lo cual también Dios los entregó a la inmundicia, en las concupiscencias de sus corazones, de modo que deshonraron entre sí sus propios cuerpos, ya que cambiaron la verdad de Dios por la mentira, honrando y dando culto a las criaturas antes que al Creador, el cual es bendito por los siglos. Amén (Romanos 1.21-25).

> Los sacerdotes de Nimrod inscribieron en la torre los signos del Zodiaco. Siendo un centro de adoración, la torre mantendría al pueblo cerca del área y de esa manera Nimrod podría controlar a sus súbditos.[9]

---

8 MacKeys, R. Clegg, *The Masonic History* [Historia de la masonería], 1987, cap. 4.
9 B. Larson, *op. cit.*, p. 12.

Así, pues, Babilonia se convirtió en la cuna de las falsas religiones y de la idolatría, y en el aposento de los demonios y de los espíritus malignos que se posesionaban de los ídolos y objetos adorados por los hombres.

> Es generalmente aceptado que los demonios se posesionan de objetos, casas, animales y seres humanos. Los Evangelios cuentan que Jesús halló una legión de demonios en un hombre y cuando los echó, les permitió entrar en unos cerdos. Pablo advierte a los corintios que no coman carne ofrecida a los ídolos en los templos de idolatría, porque al hacerlo así, se arriesgaban a tener comunión con demonios (1 Corintios 10.20). Esto no significa que los ídolos o los templos son algo en sí (1 Corintios 10.19), pero los demonios en estos sí lo son.[10]
>
> Y clamó con voz potente, diciendo: Ha caído, ha caído la gran Babilonia, y se ha hecho habitación de demonios y guarida de todo espíritu inmundo, y albergue de toda ave inmunda y aborrecible. Porque todas las naciones han bebido del vino del furor de su fornicación; y los reyes de la tierra han fornicado con ella, y los mercaderes de la tierra se han enriquecido de la potencia de sus deleites (Apocalipsis 18.2-3).
>
> Ejemplos de las tinieblas sobreabundan en esta región. En las colinas de Sinar, al noroeste de Irak, los yezidis orgullosamente adoran a Satanás a quien llaman Melek Tans o el «ángel pavo real». Más al sur se siente la influencia de antiguos lugares como Ur de los caldeos y Nínive. Por ejemplo, la ciudad iraquí de Cuta se conoce hoy en día como el «sitio de reunión de los espíritus».[11]
>
> Y trajo el rey de Asiria gente de Babilonia, de Cuta, de Ava, de Hamat y de Sefarvaim, y los puso en las ciudades

10 «Territorial Spirits» [Espíritus territoriales], *Charisma Magazine*, abril de 1991, p. 60.
11 George Otis, Jr., *op. cit.*, p. 60.

> de Samaria, en lugar de los hijos de Israel; y poseyeron a Samaria, y habitaron en sus ciudades[...] Pero cada nación se hizo sus dioses, y los pusieron en los templos de los lugares altos que habían hecho los de Samaria; cada nación en su ciudad donde habitaba[...] Temían a Jehová, e hicieron del bajo pueblo sacerdotes de los lugares altos, que sacrificaban para ellos en los templos de los lugares altos. Temían a Jehová, y honraban a sus dioses, según las costumbres de las naciones de donde habían sido trasladados. Hasta hoy hacen como antes: ni temen a Jehová, ni guardan sus estatutos ni sus ordenanzas, ni hacen según la ley y los mandamientos que prescribió Jehová a los hijos de Jacob, al cual puso el nombre de Israel; con los cuales Jehová había hecho pacto, y les mandó diciendo: No temeréis a otros dioses, ni los adoraréis, ni les serviréis, ni les haréis sacrificios (2 Reyes 17.24,29,32-35,40-41).

En Génesis 12 se narra que Jehová ordenó a Abram salir de su tierra y de su parentela, la cual estaba en Ur, e ir hacia la tierra de Canaán. Según George Otis, Jr., posiblemente para eliminar la influencia de un espíritu territorial que reinaba sobre esa ciudad, un dios llamado Sin llegó a ser la deidad suprema del Imperio Babilónico. A este dios «lunar» se le llamaba el «controlador de la noche»; su emblema, la luna creciente, lo adoptó Roma para ponerlo a los pies de las imágenes de sus dioses. Más tarde, fue aceptado como el símbolo más importante del Islam.

> Una importante manifestación del espíritu de Babilonia es la obsesión con la violencia y la muerte, con los sacrificios a los principados invisibles de las tinieblas. En esta tierra, increíblemente brutal, se estima que en estos últimos años se han ejecutado a treinta y cinco mil personas debido a sus creencias. La tortura es popular y sádica.[12]

12 *Ibid.*, p. 61.

Quizás Abram, un hombre temeroso de Dios, comenzó a renovar y cambiar el ambiente espiritual hablando a los hombres de un solo Dios, el Creador del universo. Es de imaginar que muchos se cuestionaban por qué las cosas de la naturaleza y los cuerpos celestes no se movían por sí solos, comprendiendo entonces que estaban bajo la dirección de Uno que ordena y controla todo.

De manera que cuando Dios, que todo lo sabe, le ordenó salir de su tierra y su parentela, e ir a morar en Canaán, a lo mejor estaba librando a Abram de la oposición y persecución que él y su familia sufrían por sus doctrinas monoteístas.

A propósito de Ur, el Diccionario Bíblico Ilustrado de Vila y Santa María, dice:

> Las gentes de Ur eran politeístas. Los principales dioses eran el agua, el cielo, la tierra y el aire[...] Es importante notar que la cultura de los habitantes de Ur en particular, y de Sumer en general, influyó en todo el antiguo Cercano Oriente. En este período, Ur tiene principalmente importancia religiosa como centro del culto a Sin, el dios-Luna, que allí era venerado con el nombre de Nannar, en el famoso templo de E-gissir-gal. Su grandiosa torre escalonada [pirámide] o a gradas era considerada como la mejor de toda Mesopotamia.[13]

La migración de culturas

Por ese mismo tiempo, la Biblia dice que edificaron, quizás estos mismos caldeos, una ciudad y una torre cuya cúspide debía llegar al cielo. Esto se narra en Génesis 11.1-9. Como resultado de este intento frustrado y condenado por Dios, el pueblo se esparció «sobre toda la faz de la tierra».

---

13 Samuel Vila y Darío A. Santa María, *Diccionario Bíblico Ilustrado*, Clie, Ft. Lauderdale, FL, 1981, p. 1175.

Según el historiador Flavio Josefo, algunos pasaron las aguas de los mares en embarcaciones y habitaron las islas.

Todo esto es historia, pero sin duda nos ayuda a entender por qué esta región del mundo del Cercano Oriente es hasta ahora una región congestionada de demonios. La idolatría es el pecado más abominable para Dios y atrae a legiones de demonios. Al estudiar y conocer las raíces históricas y culturales de estos pueblos, desde miles de años atrás, entendemos por qué el mundo de las tinieblas tiene profunda raigambre en esa región, siendo la «capital» de ese mundo la Babilonia mencionada en la Biblia, la cual no sólo es una ciudad, sino todo un sistema de paganismo.

Continuemos con un poco más de historia, en el capítulo 6 del libro *Antigüedades de los judíos*, Josefo presenta un detalle de los descendientes de Noé y menciona las áreas donde se establecieron, incluyendo Europa, África, Asia y luego América. Estudios arqueológicos han demostrado una relación muy cercana entre las culturas de Mesopotamia con su idolatría politeísta, sacrificios humanos, arquitectura piramidal, etc., con Mesoamérica. Los símbolos crípticos de la cultura maya y babilónica son muy similares: dibujos, astronomía, pirámides y la importancia dada a la serpiente, el dragón volador y los sacrificios humanos por fuego y por la extracción de los corazones de seres vivos aún.

¿De qué nos sirven estos conocimientos históricos para el propósito de entender la guerra espiritual que libramos en el presente siglo? Muy sencillo. Esto nos hace ver que al enfrentarnos con la opresión satánica en determinados lugares del mundo, lo que allí sentimos y observamos, remonta sus orígenes espirituales hacia miles de años atrás. Conociendo estos orígenes podemos enfrentarnos con los demonios por nombre, sabiendo quiénes son y de dónde vinieron, porque los problemas existentes no son algo del momento, así porque así, sino producto de un proceso milenario. Nos damos cuenta que en América, por las razones expuestas, existen espíritus babilónicos. Conociéndolos mejor podremos luchar contra ellos.

En todo esto, y a pesar de las maldiciones que pesan sobre las ciudades y naciones, tenemos que buscar cuáles son los dones redentores que estas tienen y que en determinado momento pueden usarse para su bien y redención (por eso se llaman «redentores»), porque donde hay maldiciones, también hay bendiciones, y donde hay bendiciones y dones, hay responsabilidad. Por ejemplo, en ciertas regiones de Italia hay un espíritu de crimen, pero hay un don redentor en ella que son las familias, aun en el crimen.

Capítulo 8

LUGARES ALTOS

Acontecerá en los postreros tiempos que el monte de la casa de Jehová será establecido por cabecera de montes, y más alto que los collados, y correrán a él los pueblos (Miqueas 4.1).

El profeta Miqueas nos revela que en los postreros días, el *monte* de la casa del Señor será establecido en los lugares altos y allí será exaltado.

Uno de los secretos que mejor guarda Satanás es el significado y la importancia de los lugares altos. La ignorancia generalizada de la iglesia en relación con los espíritus territoriales en las «regiones celestes» que reinan sobre nuestras ciudades y naciones ha sido una de las razones principales por la cual la mayoría de los esfuerzos de evangelización han tenido un impacto muy limitado.

> «Montaña» en la Biblia, específicamente en el término «Monte de Sion», parece tener una connotación figurativa con la autoridad del reino.[1]

Además, es el sitio donde Dios pone su trono para allí ser adorado y recibir sacrificios de alabanza. Uno de los propósitos de la cartografía tradicional es mostrar las condiciones topográficas de una ciudad, región, nación o continente: ríos, montes, collados, senderos, caminos, valles,

1 Gary Kinnaman, *No Higher Mountain* [No hay monte más alto], 1990, p. 47.

desiertos, fronteras. La cartografía espiritual también nos revela lo mismo en la dimensión espiritual.

Las montañas o lugares altos siempre nos hacen sentir lo sagrado en nuestra alma. Desde joven me fascinó sentir la presencia de Dios en la naturaleza, especialmente al subir a los cerros y a los montes. En cierta ocasión, estuve en el sitio más alto de Europa. Visité la cumbre del Monte Blanco en Chamonix, Francia, y desde allí pude observar varias naciones. La magnitud de los Pirineos era fascinante. He esquiado en las montañas más altas de Estados Unidos: Whiteface en Nueva York, Mammoth en California, los montes de San Francisco en Arizona y muchos más. En todos, sin excepción, he dado gracias a Dios por su belleza y por haber podido sentir su presencia.

A través de la historia, el hombre ha reverenciado a las montañas y estas han llegado a ser un símbolo de sus ideales espirituales. El monte Sinaí en el Medio Oriente, los picos de San Francisco en Arizona, Fuji en el Japón, Kaila en el Tibet, Olimpo en Grecia, Popocatepetl en México, Ausagante en los Andes, Licancábur en Chile o Tiahuanaco en Bolivia.

> De igual manera que las culturas frecuentemente separan lo sagrado de lo profano, así también se establecen límites en ciertas montañas con reglas y ritos. Sólo aquellos con poderes espirituales podían aventurarse a estos lugares altos sin provocar la furia de los dioses o el ataque de los demonios. En Norteamérica, por ejemplo, los nativos creían que solamente aquellos con la correcta preparación en los rituales podían subir a los picos sagrados sin ser aniquilados por los espíritus. En la Biblia, sólo Moisés fue considerado digno de pisar el lugar santo en el Monte Sinaí y de ascender a la montaña para conversar con Dios.[2]

---

2 Edwin Bernbaum, *Sacred Mountains of the World* [Montes sagrados del mundo], 1990, p. XIX.

> Y Jehová dijo a Moisés: Vé al pueblo, y santifícalos hoy y mañana; y laven sus vestidos, y estén preparados para el día tercero, porque al tercer día Jehová descenderá a ojos de todo el pueblo sobre el monte de Sinaí. Y señalarás término al pueblo en derredor, diciendo: Guardaos, no subáis al monte, ni toquéis sus límites; cualquiera que tocare el monte, de seguro morirá (Éxodo 19.10-12).

Los montes en la Biblia

Un estudio cuidadoso de la Biblia revela que todo suceso significativo, desde la creación del hombre hasta la ascensión de Jesucristo, ocurre en un monte. Los acontecimientos sucedidos en las cumbres de las montañas han jugado una parte importante para la vida de la humanidad. Dios ha decidido mostrar su amor, su poder, su juicio, su morada, su trono, en los lugares altos. Cada pacto hecho con el hombre ha sido en la cumbre de un monte.

- **Santo monte de Dios:** Cuando el profeta Ezequiel define al huerto del Edén, situado entre los ríos Tigris y Éufrates, lo llama «santo monte de Dios»:

> En Edén, en el huerto de Dios[...] yo te puse en el santo monte de Dios (Ezequiel 28.13-14).

- **Montes de Ararat:** Al concluir el diluvio, el arca de Noé descansó sobre el monte Ararat y desde allí comenzó la repoblación de la tierra. Fue en ese lugar donde Dios hizo su pacto de nunca volver a destruir la tierra por las aguas.

> Y reposó el arca en el mes séptimo, a los diecisiete días del mes, sobre los montes de Ararat[...] Bendijo Dios a Noé y a sus hijos, y les dijo: Fructificad y multiplicaos, y llenad la tierra[...] He aquí que yo establezco mi pacto con vosotros, y con vuestros descendientes después de vosotros; y con todo ser viviente que está con vosotros; aves, animales y toda bestia de la tierra que está con vosotros, desde todos los que salieron del arca hasta todo animal de la tierra.

> Estableceré mi pacto con vosotros, y no exterminaré ya más toda carne con aguas de diluvio, ni habrá más diluvio para destruir la tierra (Génesis 8.4; 9.1,9).

• **Monte Sinaí:** Sinaí es uno de los montes sagrados del judaísmo. Aquí Dios entregó a Moisés los Diez Mandamientos:

> Y Moisés sacó del campamento al pueblo para recibir a Dios; y se detuvieron al pie del monte. Todo el monte Sinaí humeaba, porque Jehová había descendido sobre él en fuego; y el humo subía como el humo de un horno, y todo el monte se estremecía en gran manera. El sonido de la bocina iba aumentando en extremo; Moisés hablaba, y Dios le respondía con voz tronante. Y descendió Jehová sobre el monte Sinaí, sobre la cumbre del monte; y llamó Jehová a Moisés a la cumbre del monte, y Moisés subió. Y Jehová dijo a Moisés: Desciende, ordena al pueblo que no traspase los límites para ver a Jehová, porque caerá multitud de ellos. Y también que se santifiquen los sacerdotes que se acercan a Jehová, para que Jehová no haga en ellos estrago. Moisés dijo a Jehová: El pueblo no podrá subir al monte Sinaí, porque tú nos has mandado diciendo: Señala límites al monte, y santifícalo. Y Jehová le dijo: Vé, desciende, y subirás tú, y Aarón contigo; mas los sacerdotes y el pueblo no traspasen el límite para subir a Jehová, no sea que haga en ellos estrago. Entonces Moisés descendió y se lo dijo al pueblo (Éxodo 19.17-25).

• **Monte Moriah:** En Génesis capítulo 22, leemos el relato del segundo pacto de Dios para bendecir las naciones. Fue en la tierra de Moriah donde el Señor le pidió a Abraham que ofreciera a su hijo en la montaña que Él le indicaría. Este lugar quizás se refiera a lo que después llegó a ser el monte de Sion.

> Y dijo: Toma ahora tu hijo, tu único, Isaac, a quien amas, y vete a la tierra de Moriah, y ofrécelo allí en holocausto sobre uno de los montes que yo te diré (Génesis 22.2).

Y aquí está otra referencia a este mismo monte:

> Comenzó Salomón a edificar la casa de Jehová en Jerusalén, en el monte Moriah, que había sido mostrado a David su padre, en el lugar que David había preparado en la era de Ornán jebuseo (2 Crónicas 3.1).

En este mismo sitio, David, padre de Salomón, erigió el tabernáculo. El libro de Génesis continúa diciendo:

> Y llamó Abraham el nombre de aquel lugar, Jehová proveerá. Por tanto se dice hoy: En el monte de Jehová será provisto[...] y dijo: Por mí mismo he jurado, dice Jehová, que por cuanto has hecho esto, y no me has rehusado tu hijo, tu único hijo; de cierto te bendeciré, y multiplicaré tu descendencia como las estrellas del cielo y como la arena que está a la orilla del mar; y tu descendencia poseerá las puertas de sus enemigos (Génesis 22.14,16-17).

• **Monte de Sion:** La ciudad de Sion era el centro del culto judío. Es aquí donde David trae el arca. Asimismo, el glorioso templo estaba localizado al *norte* del monte de Sion, la morada de Dios:

> Porque Jehová ha elegido a Sion;
> La quiso como habitación para sí. Este es para siempre el
> lugar de mi reposo;
> Aquí habitaré, porque la he querido[...]
> Grande es Jehová, y digno de ser en gran manera alabado
> En la ciudad de nuestro Dios, en su monte santo.
> Hermosa provincia, el gozo de toda la tierra,
> Es el monte de Sion, a los lados del norte,
> La ciudad del gran Rey[...]
> De Sion, perfección de hermosura,
> Dios ha resplandecido (Salmos 132.13-14; 48.1-2; 50.2).

El significado del término hebreo «Sion» no es muy claro. Algunos lo han interpretado como *fortaleza*, pero también se traduce *desierto*.

> Aunque con frecuencia *Sion* se refiere, en forma literal, a un sitio geográfico de Jerusalén, también se relaciona a una verdad espiritual. Este término se usa dos veces más que *Jerusalén* en los Salmos e invariablemente significa el sitio donde Dios habita y el centro de la autoridad y poder del reino mesiánico.[3]

Asimismo, los profetas Isaías y Miqueas profetizaron sobre el Sion espiritual:

> Lo que vio Isaías hijo de Amoz acerca de Judá y Jerusalén. Acontecerá en lo postrero de los tiempos, que será confirmado el monte de la casa de Jehová como cabeza de los montes, y será exaltado sobre los collados, y correrán a él todas las naciones. Y vendrán muchos pueblos, y dirán: Venid, y subamos al monte de Jehová, a la casa del Dios de Jacob; y nos enseñará sus caminos, y caminaremos por sus sendas. Porque de Sion saldrá la ley, y de Jerusalén la palabra de Jehová (Isaías 2.1-3).

> Acontecerá en los postreros tiempos que el monte de la casa de Jehová será establecido por cabecera de montes, y más alto que los collados, y correrán a él los pueblos. Vendrán muchas naciones, y dirán: Venid, y subamos al monte de Jehová, y a la casa del Dios de Jacob; y nos enseñará en sus caminos, y andaremos por sus veredas; porque de Sion saldrá la ley, y de Jerusalén la palabra de Jehová (Miqueas 4.1-2).

El Espíritu Santo inspira al autor del libro de Hebreos para declarar:

---

3 G. Kinnaman, *op. cit.*, p. 12.

> Porque no os habéis acercado al monte que se podía palpar, y que ardía en fuego, a la oscuridad, a las tinieblas y a la tempestad[...] sino que os habéis acercado al monte de Sion, a la ciudad del Dios vivo, Jerusalén la celestial, a la compañía de muchos millares de ángeles (Hebreos 12.18,22).

Sion es entonces el salón del trono de la Nueva Jerusalén. Es además el trono del alma cuando Cristo es Rey y Señor en nuestros corazones. Sion es el lugar de fortaleza y protección.

- **Monte Horeb:** Un acontecimiento de suma importancia ocurre en este monte. Dios oye el clamor de su pueblo y se manifiesta a Moisés y establece este *monte* como el sitio donde el pueblo de Dios vendría a adorar al Señor.

> Apacentando Moisés las ovejas de Jetro su suegro, sacerdote de Madián, llevó las ovejas a través del desierto, y llegó hasta Horeb, monte de Dios. Y se le apareció el Ángel de Jehová en una llama de fuego en medio de una zarza; y él miró, y vio que la zarza ardía en fuego, y la zarza no se consumía. Entonces Moisés dijo: Iré yo ahora y veré esta grande visión, por qué causa la zarza no se quema. Viendo Jehová que él iba a ver, lo llamó Dios de en medio de la zarza, y dijo: ¡Moisés, Moisés! Y él respondió: Heme aquí. Y dijo: No te acerques; quita tu calzado de tus pies, porque el lugar en que tú estás, tierra santa es[...] cuando hayas sacado de Egipto al pueblo, serviréis a Dios sobre este monte (Éxodo 3.1-5,12b).

Los lugares altos en el ministerio de Jesús

El ministerio de Jesús comenzó con una guerra espiritual en lugares altos y a un nivel superior, es decir, contra la más grande autoridad demoníaca. Luego predicó el maravilloso «Sermón del Monte»: «Viendo la multitud, subió al monte» (Mateo 5.1a). Y en otra oportunidad, cuando tuvo necesidad de orar para elegir a sus discípulos, «fue al monte a orar, y pasó la noche orando a Dios» (Lucas 6.12).

Estas reseñas históricas y bíblicas dan la pauta para notar la importancia de la cartografía espiritual, o sea, el conocimiento de la topografía, no sólo espiritual, sino física, de las ciudades, naciones y diversas regiones del mundo. Ya hemos visto que los lugares altos, lugares físicos, son especiales en el mundo espiritual, no sólo para adorar a Dios, sino para adorar a Satanás. Esto es algo que él sabe, pues su misión es imitar a Dios y todo lo referente a Él y su voluntad. Esto no significa, de ninguna manera, que Dios está limitado a un lugar geográfico, pues uno de sus atributos es su omnipresencia.

Veamos a continuación algunos hechos trascendentales en la vida de Jesucristo ocurridos en diferentes lugares altos.

• **Belén:** Esta es la ciudad donde nació Jesús. Estaba situada en un lugar alto a pocos kilómetros al sur de Jerusalén.

• **Monte de la tentación:** Luego de su bautismo, el Espíritu lleva a Jesús al desierto desde donde comienza su ministerio público con una batalla espiritual con Satanás en otro lugar alto.

> Una de las palabras con que traducimos *desierto* es el vocablo *eremos*. Según el diccionario teológico del Nuevo Testamento, significa un «sitio de peligro de muerte y de poderes diabólicos».[4]

Esta batalla espiritual ocurrió en una montaña en la cual Satanás quería ser adorado:

> Otra vez le llevó el diablo a un monte muy alto, y le mostró todos los reinos del mundo, y la gloria de ellos, y le dijo:

---

4 Héctor Torres, *Derribemos fortalezas*, Editorial Betania, Miami, FL, 1993, p. 39.

> Todo esto te daré, si postrado me adorares. Entonces Jesús le dijo: Vete, Satanás, porque escrito está: Al Señor tu Dios adorarás, y a Él solo servirás (Mateo 4.8-10).

• **Monte de adoración:** Más tarde, Jesús habla con la mujer samaritana en el pozo de Jacob y ella se refiere al *monte* de adoración:

> Nuestros padres adoraron en este monte, y vosotros decís que en Jerusalén es el lugar donde se debe adorar (Juan 4.20).

Ya en la dispensación de la gracia, bajo el nuevo pacto, Jesucristo mora en el corazón y nuestro cuerpo es templo del Espíritu Santo. Y a esto es a lo que Él se refiere cuando le dice a la samaritana:

> Mujer, créeme, que la hora viene cuando ni en este *monte* ni en Jerusalén adoraréis al Padre[...] los verdaderos adoradores adorarán al Padre en espíritu y en verdad[...] los que le adoran, en espíritu y en verdad es necesario que adoren (Juan 4.21,23,24, cursivas añadidas).

Jesucristo le enseñó que Dios no se limita a morar en un lugar geográfico y que aunque los lugares altos son para la adoración, lo que a Él le importa es el corazón del hombre. Los samaritanos adoraban a Dios en el monte de Gerizim y los judíos en Jerusalén, en el monte de Sion. Como dije, Dios es omnipresente y no se limita a un solo sitio, pero siempre hubo sitios, y los hay, donde los hombres creen que es más fácil comunicarse con Dios y, por cierto, así lo es.

• **Monte de la transfiguración:** La transfiguración fue un notable acontecimiento ocurrido en un monte, quizás el Hermón o algún otro cerca de Cesarea de Filipos. Es aquí donde el Padre celestial reafirma la obra redentora de nuestro Señor Jesucristo.

• **Monte Calvario:** Los hechos finales del ministerio de Jesús en la tierra ocurren en dos *montes* y uno de ellos fue el monte Calvario, donde Él se dio en sacrificio por nuestra salvación.

• **Monte de los Olivos:** Luego de la resurrección, el Señor da la Gran Comisión a sus discípulos en el monte de los Olivos, desde donde también ascendió a los cielos.

> Pero los once discípulos se fueron a Galilea, al monte donde Jesús les había ordenado. Y cuando le vieron, le adoraron (Mateo 28.16-17).

> Varones galileos, ¿por qué estáis mirando al cielo? Este mismo Jesús, que ha sido tomado de vosotros al cielo, así vendrá como le habéis visto ir al cielo. Entonces volvieron a Jerusalén desde el monte que se llama del Olivar, el cual está cerca de Jerusalén (Hechos 1.11-12).

Los montes y la guerra espiritual

Debemos reconocer la importancia de los lugares altos en la guerra espiritual. No podemos pasar por alto el énfasis que hace la Biblia, tanto en el Antiguo como el Nuevo Testamentos, en los *montes*. Tampoco podemos descuidar el hecho de que Satanás, el gran engañador, siempre ha querido imitar a Dios en todo y él también ha dado importancia a los lugares altos para implantar y mantener su reino de tinieblas. La batalla es entre la adoración y la alabanza a Dios, y entre la adoración y la alabanza a Satanás.

Debido a la caída del hombre en el huerto del Edén, Satanás se apropió de este mundo. Con arrogancia le recordó a Jesús que todos los reinos en el amplio panorama y la autoridad para reinar en ellos se le entregó a él (Mateo 4.8-9). No obstante, la victoria es de Dios mediante la obra redentora de Jesucristo.

> Es claramente evidente, entonces, que la venida de Cristo tenía el propósito de destruir las obras del maligno, restablecer el reino de Dios en la tierra, o como dice el

profeta Miqueas, restablecer el trono de Dios en la cima de las montañas. El conflicto de las edades es entre el poder y la presencia de Dios en lugares altos y la presencia y el poder de Satanás en lugares altos.[5]

«Montaña» es un símbolo bíblico, no sólo de los grandes obstáculos de la vida, sino de los poderes espirituales detrás de ellos:

> Porque las armas de nuestra milicia no son carnales, sino poderosas en Dios para la destrucción de fortalezas (2 Corintios 10.4).

Derribar fortalezas es echar abajo el centro de poder de la nación o la región, mientras que mover montañas es vencer las potestades espirituales detrás de los serios problemas de la vida.

Por lo tanto, el significado bíblico de las montañas o lugares altos es de un sitio de poder, de sacrificio, de alabanza y símbolo de autoridad. Recordemos lo que el Señor nos prometió:

> Si tuviereis fe como un grano de mostaza, diréis a este monte: Pásate de aquí allá, y se pasará; y nada os será imposible (Mateo 17.20).

---

5 G. Kinnaman, *op. cit.*, p. 49-50.

Capítulo 9

ALTARES DE SACRIFICIO

> ***Y los hijos de Israel hicieron secretamente cosas no rectas contra Jehová su Dios, edificándose lugares altos en todas sus ciudades, desde las torres de las atalayas hasta las ciudades fortificadas, y levantaron estatuas e imágenes de Asera en todo collado alto, y debajo de todo árbol frondoso, y quemaron allí incienso en todos los lugares altos, a la manera de las naciones que Jehová había traspuesto de delante de ellos, e hicieron cosas muy malas para provocar a ira a Jehová. Y servían a los ídolos, de los cuales Jehová les había dicho: Vosotros no habéis de hacer esto (2 Reyes 17.9-12).***

Ya hemos establecido la importancia espiritual de los lugares altos, pero ahora analizaremos los altares de sacrificio que es otro aspecto muy ligado a estos. Los sacrificios humanos eran parte importante del culto a las potestades de las tinieblas en esos lugares altos. El derramamiento de sangre era la manera de aplacar a los dioses y de obtener su aprobación.

Todas las tribus y civilizaciones primitivas que poblaban el continente americano tenían lugares altos como altares de sacrificios humanos. Los descubrimientos arqueológicos lo han comprobado. Aun hoy en día se celebran esos sacrificios en muchos lugares del continente. Sobra decir que estos sacrificios humanos sólo sirven para despertar la ira y el juicio de Dios. Esto fue lo que ocurrió con el pueblo de Israel. Provocaron la ira de Dios con sus prácticas abominables de levantar estatuas, quemar incienso, ofrecer sacrificios humanos pasando a los hijos por el fuego en adoración a Baal y entregándose a adivinaciones y agüeros:

> Dejaron todos los mandamientos de Jehová su Dios, y se hicieron imágenes fundidas de dos becerros, y también imágenes de Asera, y adoraron a todo el ejército de los cielos, y sirvieron a Baal; e hicieron pasar a sus hijos y a sus hijas por fuego; y se dieron a adivinaciones y agüeros, y se entregaron a hacer lo malo ante los ojos de Jehová, provocándole a ira (2 Reyes 17.16-17).

Esto mismo hizo otro de los reyes, Acaz, quien no hizo lo recto ante los ojos de Jehová, «antes anduvo en el camino de los reyes de Israel, y aun hizo pasar por fuego a su hijo, según las prácticas abominables de las naciones que Jehová echó de delante de los hijos de Israel. Asimismo sacrificó y quemó incienso en los lugares altos, y sobre los collados, y debajo de todo árbol frondoso» (2 Reyes 16.3-4).

Sacrificios humanos en las civilizaciones precolombinas

Es importante conocer algunas de las civilizaciones americanas que tuvieron como común denominador los sacrificios humanos, porque nos ayudará a entender los problemas espirituales que afrontamos en este continente en la actualidad. Estas son algunas de las civilizaciones precolombinas que sacrificaban seres humanos a sus dioses: olmeca, tolteca, azteca, maya, inca, quechua, mapuche, capacocha, chibcha, aymará, tayrona, chavín, nazca, moche, anazasi, mimbre. Y estos son algunos de los lugares altos que sirvieron de altares de sacrificios: unos eran naturales como El Plomo, Illimmani, Aconcagua, Ausagante, Tiahuanaco, Popocatepetl, Iztaccihuatl, Tlaloc; y otros eran edificados como: Teotihuacán, Tikal, Tenochtitlán, Machu Picchu, Chavín de Huántar, Copán, Tihuanacu, Uaxactún, Chichén-Itza y Cuculcán.

El derramamiento de sangre como expiación del pecado es el fundamento del cristianismo: «Y sin derramamiento de sangre no se hace remisión» (Hebreos 9.22), y era también la base del judaísmo pues tenían que sacrificar «dos corderos de un año cada día, continuamente». Esto sería el holocausto continuo por generaciones (Éxodo 29.38b,42a). Sin embargo, sabemos que en el nuevo pacto, Jesucristo se ofreció como sacrificio expiatorio por nuestros pecados una sola vez y para siempre: «Así también Cristo fue ofrecido una sola vez para llevar los pecados de muchos» (Hebreos 9.28).

Satanás, como el gran imitador de Dios, también ha reclamado el sacrificio sangriento, no sólo de animales, sino de seres humanos, sobre los altares a él elevados. Las religiones paganas pasaron del Medio Oriente y Babilonia a Mesoamérica con los sacrificios humanos y la idolatría en los lugares altos. Mil años antes de que los sacrificios humanos llegaran a su apogeo en la civilización azteca, la cultura maya conquistaba a los pueblos vecinos para tener víctimas que serían más tarde sacrificadas a sus dioses.

Civilización maya

> Los expertos están de acuerdo en que las guerras fueron parte vital de la civilización maya. Los caciques siempre hallaban razones para torturar y ofrecer sacrificios humanos como parte de su cultura, desde celebraciones religiosas, hasta eventos deportivos y dedicaciones de construcciones. Las guerras descontroladas fueron probablemente la causa que llevó a la caída a la civilización maya.[1]

Los mayas ofrecían sacrificios humanos al finalizar sus juegos de béisbol. Decapitaban a los perdedores, descuarti-

1 Michael D. Lemonick, «Secrets of the Maya» [Secretos de los mayas], *Time Magazine*, 9 de agosto de 1993, p. 46.

zaban sus cuerpos, los asaban vivos y muchas veces sacaban el corazón de sus víctimas antes de que murieran. Pero esto no sólo sucedió hace cuatro mil años: «En los lugares altos de Guatemala y México, en lugares inaccesibles y remotos, mayas contemporáneos todavía practican muchos de los mismos rituales que sus antepasados».[2]

Civilización azteca

Los aztecas, un pueblo guerrero con un idioma parecido al de los Hopi de Estados Unidos, establecieron su capital en Tenochtitlán, en el sitio donde hoy se levanta la ciudad más grande del mundo: Ciudad México. La metrópolis azteca de más de ciento cincuenta mil habitantes tenía dos sitios principales como altares de sacrificio: el gran templo de Tenochtitlán, ubicado exactamente en el sitio donde hoy se levanta la catedral de México, y el templo a Tonatzin, la diosa madre de la fertilidad y de la tierra, situada en los lugares altos al norte de la ciudad, donde hoy se levanta la Basílica de la Virgen de Guadalupe. ¿Coincidencia? El paganismo continúa con otros nombres.

Dice la historia que durante la inauguración del templo mayor de Tenochtitlán, los aztecas sacrificaron cerca de ochenta y siete mil seres humanos en un período de cinco días. «Este era el lugar más sagrado del Imperio Azteca, cuyo nombre ritualista era Coatepec o Montaña de la Serpiente».[3] Este templo estaba dedicado a Tlaloc, dios de la lluvia y la agricultura, y a Hitzilopochtli, dios de la guerra y de los tributos.

El sacrificio humano a las montañas era sólo una forma de los sacrificios aztecas. Los más grandes sacrificios se efectuaban después de las victorias sobre los reinos

2 *Ibid.*, p. 49
3 David Carrasco, *Religiones de Mesoamérica*, Harper & Row, 1990, p. 70.

rivales. La sangre de cientos y aun miles de esclavos y prisioneros capturados en el combate fluía por las escalinatas del templo de la ciudad de Tenochtitlán como un manantial.[4]

Los aztecas, al igual que las civilizaciones andinas, adoraban a las montañas y ofrecían continuamente sacrificios a ellas, pues creían que los dioses que vivían allí determinaban su existencia y el fruto de sus cosechas. Estos ritos siguen vigentes hoy en día cuando los indígenas ofrecen sacrificios en las montañas para apaciguar a los dioses, recibir protección, bendecir las cosechas y ser dotados de poderes y sabiduría sobrenaturales.

Los sacrificios de sangre y sus consecuencias

La Biblia claramente indica que «Dios no puede ser burlado: pues todo lo que el hombre sembrare, eso también segará» (Gálatas 6.7). Lo sucedido a los indígenas del nuevo continente fue lo mismo que le ocurrió al pueblo de Judá por hacer lo malo delante de Dios. ¿Qué les sobrevino a los indígenas? La conquista de estos pueblos por parte de los españoles, que comenzó con el descubrimiento de América por Cristóbal Colón, se realizó con mucho derramamiento de sangre y continuó con siglos de opresión, explotación y maltrato. Por eso, el 12 de octubre de 1994, indígenas de numerosas tribus mexicanas trataron de derribar la estatua de Cristóbal Colón en Ciudad México, después de un desfile de protesta. Uno de los líderes dijo que la estatua era ofensiva y representaba la violencia traída al paraíso por los ejércitos de la conquista.

El profeta Jeremías nos cuenta lo que sucedió como juicio de Dios por la idolatría sangrienta de Judá:

---

4 Edwin Bernbaum, *op. cit.*, p. 171.

> Y edificaron lugares altos a Baal, para quemar con fuego a sus hijos en holocaustos al mismo Baal; cosa que no les mandé, ni hablé, ni me vino al pensamiento. Por tanto, he aquí vienen días, dice Jehová, que este lugar no se llamará más Tofet, ni valle del hijo de Hinom, sino Valle de la Matanza. Y desvaneceré el consejo de Judá y de Jerusalén en este lugar, y les haré caer a espada delante de sus enemigos, y en las manos de los que buscan sus vidas; y daré sus cuerpos para comida a las aves del cielo y a las bestias de la tierra (Jeremías 19.5-7).

Prácticas religiosas después de la conquista española

La conquista española cambió muchas de las prácticas religiosas indígenas. Algunas quedaron como expresiones culturales y aun religiosas, como la adoración a las montañas y los altares de sacrificios, mientras que otras desaparecieron. En la actualidad, los indígenas de Centroamérica viven en una extraña mezcla de prácticas primitivas y paganas, amalgamadas con tradiciones católicas.

> Aparentemente, la vida ceremonial azteca consistía de peregrinaciones ceremoniales y procesiones a muchos de los montes sagrados alrededor del valle de México y Tepeyac, y sus colinas vecinas eran basílicas de suma importancia para las sectas del dios Tenochtitlán. De hecho, el culto a Guadalupe, con sus significados altamente católicos, expresa los sentimientos indígenas y la adoración a la diosa (Tonantzin) y sus sectas.[5]

Asimismo, a lo largo de la cordillera andina, los pueblos indígenas continúan celebrando sus ritos y haciendo peregrinaciones a las montañas sagradas para ofrecer sacrificios a los dioses que representan.

---

5 David Carrasco, *op. cit.*, p. 137

Creo que lo que la Biblia menciona como principados y potestades de las tinieblas en los aires (Efesios 6.12) se encuentra activo y vivo en los montes y lugares altos de Centro y Sudamérica. Con la venida de los españoles y la subsiguiente colonización, muchas creencias paganas han sobrevivido disfrazadas con máscaras aceptables a las autoridades eclesiásticas.

> Los pueblos de Perú y Bolivia que hablan el lenguaje quechua de los incas adoran a Illapa, el dios inca de las tormentas y la guerra, con el nombre de Santiago. Rituales dedicados a Pachacmama, diosa de la tierra y madre de las montañas, continúan en el nombre de la Virgen María. Hoy día, los quechuas de la región creen que San Pedro guarda la entrada al mundo espiritual encerrado entre los picos de la montaña blanca (Monte Coropuna).[6]

Los chamanes indígenas, brujos y espiritistas continúan ofreciendo sacrificios humanos. Desde los mapuches, al sur de Chile, donde los chamanes llamados *machis* sacrifican a sus víctimas para apaciguar a los dioses, hasta los chamanes aymarás, llamados *yatiris*, al sur del Perú y en el área del lago Titicaca. Aquí se celebran misas con sacrificios humanos pagados por narcotraficantes para recibir protección en sus nefastas actividades. Con frecuencia, se hallan cadáveres de niños y jovencitas en varios «montes sagrados», como Incahuasi o Santa Bárbara, monte Kapia e Illimani. El periódico peruano *La República* del 3 de marzo de 1986 publicó la noticia de un campesino sacrificado en Pune, provincia de Azángaro. Según el reporte, unos cien campesinos, todos indios aymarás, participaron en este sacrificio humano. Después de matar y descuartizar el cuerpo de su víctima, ofrecieron su sangre al «dios del sur».

---

6 Mario Roberto Morales, «La quiebra de Maximón», *Crónica Semanal*, p. 20.

No es una casualidad que en esta área remota y montañosa el grupo terrorista Sendero Luminoso tenga miles de miembros y que aquí mismo fuera recientemente asesinado Rómulo Sauñe, un fervoroso y devoto evangelista a los indígenas de su país. La filosofía de Sendero es una mezcla de maoísmo y misticismo andino, a la que llaman «socialismo inca».

El derramamiento de sangre como expiación del pecado es el fundamento del cristianismo: «Y sin derramamiento de sangre no se hace remisión» (Hebreos 9.22), y era también la base del judaísmo pues tenían que sacrificar «dos corderos de un año cada día, continuamente». Esto sería el holocausto continuo por generaciones (Éxodo 29.38b,42a). Sin embargo, sabemos que en el nuevo pacto, Jesucristo se ofreció como sacrificio expiatorio por nuestros pecados una sola vez y para siempre: «Así también Cristo fue ofrecido una sola vez para llevar los pecados de muchos» (Hebreos 9.28).

La oración intercesora

Beverly Klop, directora de *Gateway Ministries* [Ministerio la Puerta], reportó recientemente que en una de sus sesiones de intercesión por la ventana 10/40, mientras oraba por fondos para alcanzar a estos pueblos, su oración tomó un rumbo interesante:

> Fuimos guiados a orar por las regiones montañosas del Perú. Comenzamos orando específicamente contra la magia chamanística que opera en las montañas del Perú, Bolivia y Ecuador. Oramos por los sitios de sepulturas en las montañas del Perú donde se rinde culto a los antepasados. Algunas áreas clave incluían el lago Titicaca, Quito, La Paz, Cuzco, Machu Picchu, Sachsuamun, el sistema de caminos inca[...] fuimos dirigidos a orar por el arrepentimiento de líderes indígenas clave. Recibimos revelación

que muchos serían bautizados en el lago Titicaca. Nuestras oraciones continuaron por Centroamérica, Norteamérica, prosiguiendo a Mongolia y llegando a Babilonia. Elevamos oraciones de arrepentimiento por el trato dado a los indígenas del nuevo continente por los europeos. Después de tres horas de intercesión, comencé a ver una línea roja como una «línea de sangre» de limpieza y perdón por nuestras oraciones. La línea se extendía desde el Perú y seguía hacia el norte, pasaba Centroamérica, continuaba por el noroeste del Pacífico, atravesando Canadá y Alaska, y circulando por Siberia y Mongolia regresaba al área babilónica. La conexión con la torre de Babel se hizo aparente. Ordenamos vida sobre los huesos muertos de todas estas tierras. Luego nos maravillamos por el discernimiento que nos dio el Espíritu Santo para ver que la raíz de muchos de los problemas económicos (y la violencia) está directamente relacionada con los principados y potestades de las idolatrías del pasado y del trato que recibieron los indígenas durante la conquista.[7]

Como vemos, el mundo actual se encuentra atado a los poderes del mal. ¿Qué debemos hacer para liberarlo de la opresión demoníaca? Debemos ir ante Dios a favor de quienes aún andan en tinieblas.

Oración de guerra

Padre celestial, oramos para romper las órdenes de matar, asesinar y aniquilar a seres inocentes por medio de orgullos culturales, divisiones raciales, diferencias políticas y guerras. Trae sanidad a lo que han sufrido traumas emocionales por causa de la violencia. Atamos espíritus de odio y discriminación racial, social y cultural. Libera las riquezas de las naciones, ponlas en las manos de hombres sabios como José para que puedan ser distribuidas para alimentar a los pobres y necesitados. Señor,

---

7 Beverly Klop, *Spiritual Warfare Network Report*, junio/agosto de 1993, vol. 2, #4, p. 3.

abre las puertas del cielo y derrama tu bendición sobre tu pueblo para que tus obreros seamos bendecidos en el campo, en los montes y en las ciudades. Al entrar y al salir, y en dondequiera que pisen nuestros pies, hasta que tu Reino sea establecido mientras oramos y proclamamos tu Palabra. AMÉN.

TERCERA PARTE

EL MUNDO DE LAS TINIEBLAS

La Biblia no solamente enseña que los espíritus del mal existen, sino que también son hostiles contra los cristianos; sus perversas instigaciones afectan negativamente nuestras vidas cotidianas y las de los que nos rodean. Si el ámbito de espíritus y ángeles es una parte dominante en el mundo bíblico, debiera también ser parte dominante del cristianismo contemporáneo.

Clinton E. Arnold Talbot,
Escuela de Teología
Universidad de Biola

Capítulo 10

LOS ESPÍRITUS TERRITORIALES

Porque no tenemos lucha contra sangre y carne, sino contra principados, contra potestades, contra los gobernadores de las tinieblas de este siglo, contra huestes espirituales de maldad en las regiones celestes (Efesios 6.12).

Esto es absoluto y terminante. No hay enseñanza más clara que esta en cuanto a nuestra vida. Como cristianos, estamos llamados a reconocer el ámbito espiritual como el verdadero núcleo de la realidad. Sin embargo, la dolorosa verdad es que la iglesia contemporánea ha descartado la auténtica dimensión espiritual convirtiéndose, por consiguiente, en víctima y no en vencedora en el conflicto contra las huestes espirituales de maldad.

El resultado a veces ha sido trágico. Numerosos misioneros y obreros cristianos han pagado el precio de su ignorancia al ser enviados a territorios, naciones y culturas que sufren terrible opresión espiritual. Lugares de cautiverios donde hay seres humanos asociados con espíritus demoníacos que manipulan la sociedad. Centros de operación satánica controlados por espíritus territoriales. Por ello, han muerto o sufrido opresión, persecución, enfermedades y, sobre todo, derrota, porque han ido sin conocimiento del medio, de la realidad, de la naturaleza del enemigo, sin saber contra qué tenían que luchar.

Los espíritus territoriales son demonios que dominan ciertos lugares específicos y perfectamente definidos. Muchos lo dudan y Satanás se regocija. C.S. Lewis, en su libro *Cartas a un diablo novato*, dice:

> Hay dos errores equivalentes y opuestos acerca de los demonios en los cuales puede caer nuestra raza: uno es no creer en su existencia, y el otro es sentir un interés excesivo y malsano por ellos. Ellos, por su parte, se sienten complacidos con ambos errores, y saludan con el mismo deleite a un materialista y a un mago.[1]

Los poderes de las tinieblas

• **Ángeles caídos:** Aunque muchos dudan de la existencia de los ángeles y más aún de los ángeles caídos, de igual manera hay millones que creen. Los demonios o ángeles caídos son parte de la gran mayoría de las religiones antiguas y actuales. Se consideran como agentes del mal, de la destrucción, de la guerra, de los desastres naturales, de las enfermedades y de la muerte.

• **Satanás o el diablo:** El espíritu del mal en el judaísmo y el cristianismo, es llamado *Iblio* por los musulmanes, *Angre Mairyu* por los persas, *Exu Rei* por los practicantes de los cultos afrobrasileños, *Mara* por los budistas, *Huari* por los aymarás, *Changó* por la santería. La Biblia dice que «el mundo entero está bajo el maligno» (1 Juan 5.19).

• **Ídolos y demonios:** Por lo general, se acepta que ídolos como amuletos, fetiches, imágenes, estatuas y otras cosas usadas como símbolos de adoración o de superstición pueden habitarlos demonios. Por eso la Biblia nos exhorta a huir

1 C.S. Lewis, *The Screwtape Letter* [Publicado en español: Cartas a un diablo novato], Macmillan, New York, NY, 1962, p. 3.

de la idolatría (1 Corintios 10.14). Pablo nos pide que no tengamos comunión con los demonios.

> ¿Qué digo, pues? ¿Que el ídolo es algo, o que sea algo lo que se sacrifica a los ídolos?[...] No podéis beber la copa del Señor, y la copa de los demonios; no podéis participar de la mesa del Señor, y de la mesa de los demonios (1 Corintios 10.19,21).

- **El hombre fuerte:** Los fariseos acusaron a Jesucristo de que obraba en virtud de Beelzebú, príncipe de los demonios. Ante esto, el Señor declara:

> Todo reino dividido contra sí mismo, es asolado, y toda ciudad o casa dividida contra sí misma, no permanecerá. Y si Satanás echa fuera a Satanás, contra sí mismo está dividido; ¿cómo, pues, permanecerá su reino?[...] ¿cómo puede alguno entrar en la casa del hombre fuerte, y saquear sus bienes, si primero no le ata? (Mateo 12.25-26).

Es evidente que Jesús, al referirse a reinos, ciudades, casas y al hombre fuerte que los controla, no habla simplemente en términos espirituales, sino físicos, pues liberó al endemoniado. La casa a la cual se refiere es el territorio controlado por Satanás y sus demonios. Este territorio no se puede tomar sin antes atar al hombre fuerte. Sin embargo, una vez atado, podemos saquear sus bienes, despojarlo de lo que se ha robado y repartir el botín.

Los espíritus del mal

La idea de espíritus del mal ejerciendo poder sobre territorios surge una y otra vez en la Biblia. En Deuteronomio 32.8 encontramos lo siguiente:

> Cuando el Altísimo hizo heredar a las naciones,
> Cuando hizo dividir a los hijos de los hombres,

> Estableció los límites de los pueblos
> Según el número de los hijos de Israel.

F.F. Bruce, quien sugiere que la Versión Septuaginta representa al texto original, dice lo siguiente:

> Este texto implica que la administración de las distintas naciones ha sido repartida entre un correspondiente número de poderes angélicos[...] En varios lugares por lo menos a algunos de los gobernadores angélicos se les describe como principados y poderes hostiles; los gobernadores de las tinieblas de este siglo según Efesios 6.12.[2]

Bruce indica que lo que es implícito en Deuteronomio, se hace explícito en Daniel 10, cuando príncipes de luz y de tinieblas entran en conflicto en el mundo espiritual, como consecuencia de la intercesión de Daniel por el pueblo de Israel y la ciudad de Jerusalén.

> Y he aquí una mano me tocó, e hizo que me pusiese sobre mis rodillas y sobre las palmas de mis manos. Y me dijo: Daniel, varón muy amado, está atento a las palabras que te hablaré, y ponte en pie; porque a ti he sido enviado ahora. Mientras hablaba esto conmigo, me puse en pie temblando. Entonces me dijo: Daniel, no temas; porque desde el primer día que dispusiste tu corazón a entender y a humillarte en la presencia de tu Dios, fueron oídas tus palabras; y a causa de tus palabras yo he venido. Mas el príncipe del reino de Persia se me opuso durante veintiún días; pero he aquí Miguel, uno de los principales príncipes, vino para ayudarme, y quedé allí con los reyes de Persia[...] Él me dijo: ¿Sabes por qué he venido a ti? Pues ahora tengo que volver para pelear contra el príncipe de Persia;

---

2 F.F. Bruce, *La Epístola a los Hebreos*, New International Commentary on the New Testament, Nueva Creación/Eerdmans, Grand Rapids, MI, 1987 (p. 33 del original en inglés).

> y al terminar con él, el príncipe de Grecia vendrá. Pero yo te declararé lo que está escrito en el libro de la verdad; y ninguno me ayuda contra ellos, sino Miguel vuestro príncipe (Daniel 10.10-13,20-21).

Al respecto, tenemos lo siguiente:

> Decimos «venga tu reino» y esto debería cumplirse por medio de la iglesia de Cristo; pero el Reino del Señor no viene porque las fuerzas espirituales de maldad y nuestra incredulidad lo impiden. Hay fuerzas espirituales que retienen el territorio de Dios dominándolo, en su condición de espíritus territoriales, con autoridad sobre él. Numerosos autores en este libro se refieren a Deuteronomio 32.8, Salmo 82 y Daniel 7.12 en donde naciones o ciudades se vislumbran desde el punto de vista de poderes espirituales.[3]

Timothy M. Warner, quien sirvió como misionero en Sierra Leona, África, en un taller de misiones presentado en el Seminario Teológico de Fuller en 1988 sobre el tema «El encuentro de poderes y la evangelización mundial», dijo lo siguiente: «He llegado a creer que Satanás asigna a un demonio o a un cuerpo de demonios toda unidad geopolítica en el mundo, y que estos son los principados y potestades contra los cuales luchamos».[4]

Thomas B. White, fundador y presidente de *Frontline Ministries* en Corvallis, Oregón, un conocido autor y pastor bautista, miembro de la «Red de Guerra Espiritual», dice:

> En cualquier ciudad, región, país o grupo, seres espirituales inteligentes obran para influir y controlar las actividades y conducta de la gente. Estas son las malas

3 R. Forster en el Prólogo de *Territorial Spirits* [Espíritus territoriales], C. Peter Wagner, ed., Sovereign World Limited, Chichester, Inglaterra, 1991, p. xi.

4 Timothy M. Warner, *ibid.*, p. 52.

> noticias. Las buenas son que el Espíritu Santo también está presente en todo sitio, orquestando la obra de ángeles fieles, prestos a revelar la verdad a hombres y mujeres cuyos corazones tienen hambre de conocer al Dios vivo.[5]

D.S. Rusell, un conocido erudito en apocalíptica judía, refiriéndose a los ángeles que parecen haber caído después de la rebelión de Lucifer (Génesis 6.2; Judas 6; Salmo 82.1,6-7), dice lo siguiente:

> Gradualmente aumentó, sin duda, la influencia de extraños pensamientos, la convicción de que, por la autoridad que Dios les había dado sobre las naciones y el universo físico, tenían el poder en sus propias manos[...] Rehusaron recibir órdenes de Dios y decidieron reinar por sí mismos, aceptando órdenes de otro que como ellos se había rebelado contra el Todopoderoso.[6]

Espíritus y territorios

Es probable que estos poderes, tal como podemos ver en el libro de Daniel, sean los espíritus territoriales que buscan la adoración del hombre y establecen fortalezas en lugares altos.

En el conflicto del rey Acab contra Ben-Adad, rey de Siria, los siervos de este le aconsejaron pelear contra el pueblo de Israel en las llanuras para poder vencerlos, porque, según ellos, los dioses del pueblo de Israel eran poderosos en los montes: «Y los siervos del rey de Siria le dijeron: sus dioses son dioses de los montes, por eso nos han vencido; mas si peleáremos con ellos en la llanura, se verá si no los vencemos» (1 Reyes 20.23).

---

5 Thomas B. White, *ibid.*, p. 64.
6 D.S. Rusell, *The Method of Jewish Apocalyptics* [Los métodos de apocalíptica judía], Westminster Press, 1964, pp. 237-238.

Toda invasión o migración de los pueblos trae a cada nación la influencia de sus culturas. Así ha sucedido con las grandes ciudades de Estados Unidos como Miami, Los Ángeles y Nueva York que se han enriquecido con comunidades latinas. Naciones como Argentina y su influencia italiana, Chile y su influencia alemana, Colombia y su influencia francesa y las demás naciones latinoamericanas y la influencia española. Pero estas migraciones también llevan religiones, filosofías y *maldiciones*. Esto contribuye a la condición espiritual de la región.

Así como cada cultura trae consigo sus riquezas, también trae sus creencias, religiones, filosofías y maldiciones. De ahí que esto contribuya a la condición espiritual de la región, ciudad, nación y territorio. En la actualidad, Miami está llena de santería, vudú y macumba; Nueva York llena de hinduismo e islamismo; Los Angeles de budismo e islamismo, aparte de idolatría y satanismo. Con el pasar del tiempo se ha producido una sincretización de creencias y esto es precisamente lo que ha ocurrido hasta hoy en Latinoamérica y Estados Unidos. Por lo tanto, trae maldición y las naciones sufren las consecuencias de su condición espiritual y su idolatría.

> Y trajo el rey de Asiria gente de Babilonia, de Cuta, de Ava, de Hamat y de Sefarvaim, y los puso en las ciudades de Samaria, en lugar de los hijos de Israel; y poseyeron a Samaria, y habitaron en sus ciudades[...]
> Pero cada nación se hizo sus dioses, y los pusieron en los templos de los lugares altos que habían hecho los de Samaria; cada nación en su ciudad donde habitaba. Los de Babilonia hicieron a Sucot-benot, los de Cuta hicieron a Nergal, y los Hamat hicieron a Asima. Los aveos hicieron a Nibhaz y a Tartac, y los de Sefarvaim quemaban sus hijos en el fuego para adorar a Adramalec y a Anamelec, dioses de Sefarvaim. Temían a Jehová, e hicieron del bajo pueblo sacerdotes de los lugares altos, que sacrificaban para ellos

en los templos de los lugares altos. Temían a Jehová, y honraban a sus dioses, según la costumbre de las naciones de donde habían sido trasladados. Hasta hoy hacen como antes: ni temen a Jehová, ni guardan sus estatutos ni sus ordenanzas, ni hacen según la ley y los mandamientos que prescribió Jehová a los hijos de Jacob, al cual puso por nombre Israel; con los cuales Jehová había hecho pacto, y les mandó, diciendo: No temeréis a otros dioses, ni los adoraréis, ni les serviréis, ni les haréis sacrificios[...]
Pero ellos no escucharon; antes hicieron según su costumbre antigua. Así temieron a Jehová aquellas gentes, y al mismo tiempo sirvieron a sus ídolos; y también sus hijos y sus nietos, según como hicieron sus padres, así hacen hasta hoy (2 Reyes 17.24; 29-35; 40-41).

C. Peter Wagner, en un artículo sobre el tema de los espíritus territoriales y publicado por la revista *Charisma*, dice:

Los espíritus y sus dominios sobre áreas geográficas es algo claramente reconocido en el desarrollo de la historia de Israel. Josué reprende a los israelitas por servir a otros dioses al otro lado del río y en Egipto (Josué 24.14). Aun en Canaán, los israelitas no limpiaron la tierra como Dios les ordenó, sino que olvidaron a Jehová su Dios y sirvieron a los baales y a las imágenes de Asera (Jueces 3.7). Los nombres de algunos de estos principados se mencionan tales como Sucot-benot de Babilonia, Nergal de Cuta, Asima de Hamat, Nibhaz y Tartac de los aveos, Adramelec y Anamelec de Sefarvayim (2 Reyes 17.30-31). El poder oculto de estos principados en relación con los agüeros y adivinaciones se indica en los versículos anteriores (2 Reyes 17.17). Jeremías, refiriéndose a la caída de Babilonia, usa frases como: «Bel es confundido, deshecho es Merodac; destruidas son sus esculturas, quebrados son sus ídolos» (Jeremías 50.2).[7]

7 C. Peter Wagner, «Territorial Spirits», *Charisma*, octubre de 1990, p. 4.

La realidad de los espíritus territoriales

Satanás y sus demonios continúan ejerciendo su influencia en los sucesos de la humanidad. En su furia, antes de su total destrucción y castigo, intenta causar todo el daño posible. En este siglo hemos visto guerras mundiales, el holocausto de los judíos, genocidios, homicidios, abortos, canibalismo, masacres, torturas y un incremento de los sacrificios humanos. En todo esto es necesario reconocer la influencia de los espíritus territoriales sobre vecindarios, ciudades, regiones y naciones.

C.F. Keil, en su comentario sobre el libro de Daniel y en referencia a los espíritus territoriales, escribe:

> Este espíritu del reino de Persia, quien tras el ejemplo de Gerónimo todos los intérpretes llaman el guardián de este reino, es[...] el demonio (*daimonion*) del reino persa; en otras palabras, es el poder espiritual sobrenatural detrás de los dioses nacionales[...] con la subyugación del demonio del reino persa, su influencia cesó no solamente sobre Ciro, sino sobre todos los herederos del reino persa, para que estos tuvieran acceso a la influencia del Espíritu que procede de Dios y cuidaba del porvenir de Israel.[8]

Recordemos que hasta nuestros días, el símbolo del reino persa vigente hasta el reinado de Rheza Pahlevi, último Sha de Irán, ha sido el *pavo real*.

Refiriéndose a este mismo conflicto, Gedde McGregor escribe:

> La guerra entre Miguel y su huestes celestiales, por un lado, y Satanás y sus súbditos por otro, no solamente que es real sino que es infinitamente más importante que cual-

8 C.F. Keil, *Biblical Comentary on the Book of Daniel* [Comentario bíblico del libro de Daniel], Wm. B. Eerdmans Publishing Co., Grand Rapids, MI, 1949, p. 416.

quier otro conflicto que podamos imaginar. Es decir, todas las guerras son llevadas a cabo por marionetas. Detrás de todas ellas hay una guerra que se está librando entre los ángeles y los poderes espirituales. Desde luego, el final de esta guerra está garantizado porque Jesucristo es el Señor de todos estos poderes. La victoria no es victoria sobre la nada; es una victoria sobre las muy reales potestades de las tinieblas, y el triunfo es el triunfo de los poderes del Reino de la luz.[9]

En la historia de Naamán, el general del ejército de Siria, vemos que el profeta Eliseo lo envió a lavarse en el río Jordán para que se sanara de su lepra. Naamán, muy enojado, se preguntaba por qué no podía lavarse en los ríos Abana y Farfar de Damasco. Sin embargo, escuchó el consejo de sus criados, se lavó en el Jordán y fue completamente sanado. Entonces reconoció que no hay otro Dios en la tierra sino el de Israel, prometió no volver a ofrecer sacrificios a otros dioses y declaró que al regresar a su territorio, aunque entrare al templo de Rimón (el espíritu territorial de esa área), adoraría a Jehová y no a ninguno de los dioses del pasado (2 Reyes 5.1-19).

Aunque reconocemos que Satanás es el cabecilla de las huestes espirituales de maldad de este mundo y sin duda está detrás de todo el mal (pues ha venido a matar, hurtar y destruir), persecución y resistencia al evangelio, también sabemos que no lo hace solo. La guerra espiritual contra el Reino de Dios alrededor del mundo entero la libran fuerzas de maldad específicas y geográficamente establecidas. Es decir, debemos reconocer con sinceridad la realidad de los espíritus territoriales.

Vernon J. Sterk dice al respecto lo siguiente:

---

9 Gedde MacGregor, *Ángeles: Ministros de gracia*, Paragon House Publishers, NY, 1987, p. 37.

Al investigar los ejemplos bíblicos de los espíritus territoriales, hallamos que tanto en el Antiguo como en el Nuevo Testamentos, Satanás ha asignado espíritus territoriales para controlar naciones, regiones, tribus y otros lugares. Su tarea principal es impedir la propagación del evangelio.[10]

Mi amigo y compañero de la «Red de Guerra Espiritual», John Dawson, en su libro *La reconquista de tu ciudad,* expresa: «A menudo cuando llego a un lugar nuevo, discierno con mucha claridad el reino invisible porque siento el contraste en las atmósferas entre el lugar viejo y el nuevo».[11]

La Biblia revela poco acerca de los espíritus territoriales específicos y hay una razón: No darle mucha publicidad al demonio pues el reconocimiento del nombre y la naturaleza de un espíritu maligno puede glorificar su nombre. Por eso Josué exhorta al pueblo a evitar todo tipo de sincretismo: «Para que no os mezcléis con estas naciones que han quedado con vosotros, ni hagáis mención ni juréis por el nombre de sus dioses, ni los sirváis, ni os inclinéis a ellos» (Josué 23.7).

Jacob Loewen, un antropólogo cristiano que sirvió por varias décadas como misionero menonita en Colombia y como consultante de traducciones para las Sociedades Bíblicas Unidas en Sudamérica y África, es tal vez uno de los individuos más expertos en la territorialidad de los demonios paganos. El Dr. C. Peter Wagner, en su libro *Engaging the Enemy,* incluye un capítulo escrito por Loewen, titulado: «¿Cuál Dios predican los misioneros?», en el que dice:

> En muchas sociedades, a lo largo de Centro y Sudamérica, las deidades espirituales asociadas con fenómenos geográficos o topográficos son clasificadas como «los due-

10 Vernon J. Sterk, *Territorial Spirits,* p. 16.
11 John Dawson, *La reconquista de tu ciudad,* Editorial Betania, Miami, FL, 1991, p. 131.

ños». Por lo tanto, los indígenas nómadas del Chaco, Argentina y Paraguay siempre «consultan» con el espíritu dueño del área antes de hacer su campamento. Si la respuesta es favorable, pueden acampar en paz; si no lo es, se mueven a otra área y repiten el proceso. Las fuerzas espirituales son «dueñas» del terreno, y en el caso de los pueblos sedentarios, se dice que la tierra se «adueña» de los pueblos que en ella habitan. La gente nunca posee la tierra, sólo la utiliza con permiso de sus verdaderos propietarios espirituales, quienes, en un sentido, los «adoptan» a ellos.[12]

En la revista *Menonite Quarterly Review*, Jacob Loewen relata su experiencia como misionero de la Iglesia Menonita en la región del Chocó, al oeste de Colombia. Dice que cuando él y su esposa comenzaron su obra misionera en ese país, una de las primeras cosas que pudieron observar fue la *territorialidad* de sus dioses.

Los indígenas veían todo árbol, quebrada, riachuelo o sitio rocoso como el domicilio de un ser espiritual específico. Cuando comencé a viajar extensivamente para investigar los dialectos idiomáticos del Chocó, descubrí que era prácticamente imposible llevar personas de una región o un dialecto a visitar a otras de otra región y otro dialecto, porque tenían temor de que los poderes espirituales de esa área, en la cual eran extranjeros, robaran sus almas y les causaran la muerte. (De hecho, al sobornar regalándole una olla de hierro a la esposa de un indígena para que animara a su esposo a que me acompañara a regresar a mi domicilio situado al otro lado de una cordillera montañosa, me encontré batallando con un hombre furibundo. Según él, su alma había sido capturada por los locales y de

12 Jacob Loewen, «Which God Do Missionaries Preach?» [¿Cuál Dios predican los misioneros?], *Engaging the Enemy* [Enfrentando al enemigo], C. Peter Wagner, ed., Regal Books, Ventura, CA, 1991, p. 169.

no regresar pronto a su pueblo para que su alma fuera rescatada por los espíritus de su pueblo, era hombre muerto. La única forma de detener su estado de muerte era mediante mi oración en voz alta durante toda la noche; cada vez que me quedaba dormido comenzaba a morir.) Grupo tras otro tienen historias de cazadores que en busca de su presa salían descuidadamente del dominio territorial de espíritus amigables, entraban en el dominio de otros espíritus y sufrían las severas consecuencias de su error. Sólo unos pocos sobrevivían para contar la historia y muchos de ellos morían después al no poder rescatar sus almas de los espíritus que las habían capturado.[13]

Los espíritus territoriales pueden tomar diferentes nombres en diferentes sitios. En Resistencia, Argentina, Víctor Lorenzo dice que, después de orar e interceder por la dirección del Espíritu Santo, visitó una exposición en donde cinco profesores universitarios le dieron los datos que le permitió reconocer la identidad espiritual de la ciudad de Resistencia. De la información que recibió a través del folclore de la ciudad pudo identificar los cuatro poderes espirituales que operaban en ella: *San Muerte* (espíritu de muerte), *Pombero* (espíritu de temor), *Curupí* (espíritu de perversión sexual) y *Pitón* (Pitón o el espíritu de brujería y hechicería). En Buenos Aires, Cindy Jacobs confirmó la presencia de estas cuatro personalidades y añadió a ellas el espíritu de masonería y el espíritu de reina del cielo.

Cada uno tenemos experiencias muy propias en relación con los espíritus territoriales. Las potestades de las tinieblas que nos opriman y nos ataquen en la ciudad de Los Ángeles, no lo harán en la ciudad de La Paz, en la cual posiblemente otra clase de potestades nos oprimirán y nos atacarán. Por lo

13 Jacob A. Loewen, «Mennonites Chaco Indians and the Lengua Spirit World» *Mennonite Quarterly Review*, octubre de 1965, p. 280-306.

tanto, en toda guerra la victoria no sólo está de parte del más fuerte, sino del que sabe quién es el enemigo, cómo es, cuál es su naturaleza y cuáles sus debilidades. Conocer los espíritus territoriales nos ayudará a lograr la victoria en la presente guerra espiritual.

Capítulo 11

EL PRESENTE SIGLO MALO

El cual se dio a sí mismo por nuestros pecados para librarnos del presente siglo malo (Gálatas 1.4).

El apóstol Pablo, inspirado por el Espíritu Santo, da esta calificación a la época en que vive, que por cierto, no era menos conflictiva que la actual. Tenemos razón de sobra para decir que el nuestro es el «presente siglo malo», pero también para confiar en que Dios nos libra de su opresión, conforme a su santa voluntad.

La tónica prevaleciente en nuestro siglo

Hoy en día, existe en Latinoamérica una situación muy parecida a la del pueblo de Israel:

En el caso de Asa vemos que «hizo lo recto ante los ojos de Jehová, como David su padre. Porque quitó del país a los sodomitas, y quitó todos los ídolos que sus padres habían hecho[...] Sin embargo, los lugares altos no se quitaron. Con todo, el corazón de Asa fue perfecto para con Jehová toda su vida» (1 Reyes 15.11-12,14).

El caso de Joás es similar: «Y Joás hizo lo recto ante los ojos de Jehová todo el tiempo que le dirigió el sacerdote Joiada. Con todo eso, los lugares altos no se quitaron, porque el pueblo aun sacrificaba y quemaba incienso en los lugares altos» (2 Reyes 12.2-3).

Literalmente tenemos millones de cristianos y miles de pastores que son rectos ante los ojos del Señor, como lo

fueron Asa y Joás, y que sirven al Señor de todo corazón. Sin embargo, sus iglesias no crecen y ellos como individuos no tienen una vida victoriosa. Las iglesias se dividen, los hogares terminan en divorcios, la murmuración y el chisme son parte normal de la vida de la iglesia, y no hay mayor diferencia entre ella y el mundo. Por consiguiente, la iglesia no causa ningún impacto en el mundo ni su mensaje tiene vigencia, no crece ni se fortalece. ¿Qué está pasando?

La respuesta es que la iglesia no ha removido los «lugares altos». Esto no significa que sean términos físicos, sino espirituales. Es decir, principados y potestades, los gobernadores de las tinieblas de este siglo, las huestes espirituales de maldad de las regiones celestes, influyen sobre ella y tienen poder sobre su ciudad o localidad. El príncipe de este mundo, el príncipe de la potestad del aire, el que tiene autoridad y jurisdicción sobre un territorio ciega a la gente para que no pueda ver la verdad. La iglesia sufre un sincretismo que impide que ella y los incrédulos vean su propia realidad. Bajo falsos conceptos de libertad, religión, cultura, tradición, moralidad, no reconocen el peligro en el que se encuentran y le impiden reconocer al verdadero enemigo.

> Pero si nuestro evangelio está aún encubierto, entre los que se pierden está encubierto; en los cuales el dios de este siglo cegó el entendimiento de los incrédulos, para que no les resplandezca la luz del evangelio de la gloria de Cristo, el cual es la imagen de Dios (2 Corintios 4.3-4).

Con nombres de dioses y diosas, Satanás ejerce control sobre áreas y territorios influyendo en la mente y en la vida de individuos y de naciones: «Los patriarcas de la iglesia creían grandemente en que Satanás mismo animaba a tales dioses y diosas. La interpretación demoníaca de estas religiones se originó en parte con el apóstol Pablo».[1] Pero él predi-

1 Clinton E. Arnold, *Powers of Darkness* [Poderes de las tinieblas], InterVarsity Press,

caba un evangelio de poder que hacía la diferencia entre esos dioses y el Dios verdadero.

En el libro de los Hechos de los apóstoles hay referencias a dioses y diosas de los pueblos y a la guerra espiritual que los apóstoles libraban con ellos por medio de la predicación del evangelio:

- **En Listra,** los confundieron con los dioses Júpiter y Mercurio y quisieron ofrecerles sacrificios después de ver la sanidad del cojo de nacimiento. Pablo les exhortó a convertirse al Dios vivo.
- **En Atenas,** Pablo declaró en el Areópago que la idolatría no les conduciría a Dios, y les presentó al Dios verdadero (Hechos 17.22-32).
- **En Éfeso,** se formó un gran alboroto porque Pablo estaba persuadiendo a la gente que los ídolos hechos con las manos no eran dioses y de esa manera desacreditaba al templo de la diosa Diana. Los plateros y artífices que tenían mucho negocio con la venta de estos objetos de idolatría vieron que este se les iba de las manos:

> Cuando oyeron estas cosas, se llenaron de ira, y gritaron, diciendo: ¡Grande es Diana de los efesios! Y la ciudad se llenó de confusión, y a una se lanzaron al teatro, arrebatando a Gayo y a Aristarco, macedonios, compañeros de Pablo. Y queriendo Pablo salir al pueblo, los discípulos no le dejaron (Hechos 19.28-30).

Clinton E. Arnold menciona además lo siguiente:

> Lucas menciona también a Cástor y Pólux (Hechos 28.11), los cuales eran conocidos como los «dioses gemelos», cuyas imágenes estaban talladas en la nave alejandri-

---

Downers Grove, IL, 1992, p. 45.

na que Pablo tomó para ir a Siracusa (Hechos 28.11). Sin duda, Pablo creía que estas deidades y sus respectivos sistemas de adoración estaban íntimamente asociados con los demonios.[2]

Cultura y religión

En una visita reciente a la ciudad de México, tuve la oportunidad de ministrar en un área cercana a la basílica de Guadalupe y pude ver que las calle y avenidas estaban llenas de artesanos que vendían toda clase de ídolos y estatuas, no solamente de la diosa de los mexicanos, sino también de los dioses de los Aztecas como figurines de Coatlicue, Quetzalcóatl, Chimecoatl, Chalchiutlicue, Tlazolteotl y muchos más. La idolatría era tan grande en esta área que cualquier intento de desacreditarla hubiera causado un alboroto similar al que se lee en el libro de los Hechos (10.23-40).

No importan los nombres, los demonios han recibido y siguen recibiendo adoración en todas las culturas. En la nuestra, desde México hasta la Patagonia, los indígenas y los nativos todavía atribuyen poder a los dioses locales. Sólo mencionaremos algunos:

- **En los Andes:** Pachacmama, Inti, Viracocha y Bochica.
- **En Centroamérica:** Quetzalcóatl, Huitzilopochtl, Cuculcán, Cuauhtémoc, Machimón.
- **En el Caribe:** Oludumore, Olorún, Changó.

Como vemos, en la cultura latinoamericana hay mucho panteísmo que revela diferentes niveles de autoridades espirituales, llamados dioses, espíritus, dueños, antepasados.

---

2 *Ibid.*, p. 47.

La máscara religiosa

Con la llegada de los expedicionarios españoles a América, vino también una fusión de creencias mágico-religiosas que celebraban los chamanes indígenas y los misioneros extranjeros. Estos «cristianizaron» a los espíritus territoriales y los incorporaron a la idolatría, simplemente cambiándoles de nombre: «En el Cristo-paganismo de Latinoamérica, muchas deidades *territoriales* han sido salvadas de la extinción al ser rebautizadas con el nombre de un santo católico».[3]

Cabe decir que este sincretismo no es exclusivo de regiones geográficas, sino que, además, incorpora deidades funcionales.

> En las tribus sudamericanas hay una gran especialización de espíritus malignos; por ejemplo, la tribu Lengua del Paraguay identifica varias docenas de espíritus del mal, cada uno especializado en una diferente función.[4]

Abundando al respecto, John Dawson señala:

> En algunas partes del mundo se ha ido más allá de la fantasía. La gente está otra vez adorando abiertamente los antiguos espíritus territoriales. Un ejemplo sería el renovado culto a Tor y Odín en Escandinavia, y el resurgimiento de los druidas en la Gran Bretaña. Cuando vea estas señales de la influencia satánica, inquiétese pero no se desanime. El miedo es el arma del enemigo y no tiene cabida en el corazón del creyente. Dios tiene planes para su ciudad, y Él es el Todopoderoso que no puede ser frenado, excepto por nuestra falta de obediencia.[5]

---

3 William Madsen, *Cristo-paganismo: Un estudio del sincretismo religioso mexicano*, New Orleans, 1957.

4 Jacob Loewen, *Territorial Spirits* [Espíritus territoriales], C. Peter Wagner, ed., Sovereign World Limited, Chischester, Inglaterra, 1991, p. 171.

5 John Dawson, *La reconquista de tu ciudad*, Editorial Betania, Miami, FL, 1991, p. 136.

En mi libro *Derribemos fortalezas*, en el capítulo 12 sobre la cartografía espiritual, relato en detalles la sincretización de las religiones y culturas indígenas con las de los conquistadores:

> Al comprender la raíz de las culturas indígenas, podemos darnos cuenta de los espíritus territoriales y los tronos de Satán sobre naciones enteras. Los espíritus que reinan sobre ciudades, regiones, naciones, o aun continentes, son parte de la jerarquía establecida por Satán para reinar sobre naciones[...] Los dioses aztecas y romanos son los mismos con diferentes nombres. La diosa Chicomecoatl es la «Ceres»; la diosa de las aguas, Chalchiutlicue, es similar a «Juno»; la diosa de las cosas carnales llamada Tlazolteotl, es la misma «Venus»[...] La devoción a estos espíritus que reinan sobre ciudades y naciones (*ethnos*) puede llevar diferentes nombres. Por ejemplo: «El culto o la idolatría a la diosa madre de Babilonia Semiramis y a su hijo Tammuz, se propagó en Babel. Entre los chinos se llama Shingmoo; los germanos veneraban a Hertha; los escandinavos a Disa; en India se venera a Indiani; los griegos la llaman Ceres; los sumerios como Venus; los efesios como Diana; los egipcios Isis; los chibchas Bachue (la de senos grandes); los muiscas Huitaca; y los aztecas Xochiquetzal. Entre los pueblos conquistadores de los israelitas, como leemos en Jeremías 44.17-19, se le conocía como Reina del cielo, y en Jueces 2.13 vemos que Israel apostató y adoró a Baal y a Astarot» (Woodrow, *Babilonia, misterio religioso*, p. 15).[6]

Influencia africana

No sólo fueron los expedicionarios españoles los que influyeron en la cultura y en la religión de los pueblos nativos. Los indígenas, los colonizadores y los esclavos africanos

6 Héctor Torres, *Derribemos fortalezas*, Editorial Betania, Miami, FL, 1993, pp. 132-134.

originaron un sincretismo *sui generis* en Latinoamérica que, cubierto con el velo de una religión cristiana deformada, es simplemente una continuación de las prácticas paganas e idólatras. La santería con su disfraz cristianocatólico, es un ejemplo.

A los yoruba, pueblo del África occidental, los trajeron como esclavos los españoles, ingleses y portugueses a América, y los introdujeron en Cuba y otras regiones del Caribe. Estos trajeron consigo sus creencias religiosas que originaron lo que hoy en día conocemos como la santería. En ella, Olorún es el dios todopoderoso, al cual, por su grandeza y poder, la mente humana no le es fácil comprender. Por esta razón sus seguidores buscan el favor de deidades menores llamadas orichas que son más accesibles, y usan la música y diferentes tipos de oraciones para comunicarse con estos seres espirituales. En muchas ocasiones, este contacto resulta en la directa posesión del alma por un espíritu.

Con frecuencia, algunos practicantes de la religión lucumí o santería practican el «palo mayombe», oriundo de la región del Congo, e invocan a los espíritus malignos para causar daño o muerte a sus enemigos.

Los europeos capturaron a los Yoruba, prácticamente los cazaron, y los llevaron a Cuba donde los vendieron como esclavos en cantidades que superaban los setecientos mil. De estos, más de seiscientos mil arribaron en los últimos sesenta y cinco años del siglo diecinueve. Estos esclavos trajeron consigo el culto a sus dioses. Bajo la influencia de la iglesia católica, la cual demandaba derechos sobre ellos, se les permitió formar sus propias organizaciones cívicas y religiosas llamadas cabildos. Cada cabildo estaba asociado con un santo católico el cual representaba, para ellos, uno de los orichas o espíritus divinos que bajo el comando de Olorum controlaban diferentes aspectos y áreas del universo.

Así, la santería echó raíces en el nuevo continente. Sus practicantes se comunican con sus deidades mediante la música y varios tipos de oraciones. En muchas ocasiones, logran el contacto directo con estos espíritus a través de posesiones espirituales y mediante ritos y ritmos de los chamanes.

La santería se introdujo hasta en la música popular. Muchos artistas, como el cubano Desi Arnaz que en su club nocturno *Tropicana* entretenía a sus clientes tocando congas y cantando Babalú Ayé, siguen entreteniendo a la gente en conciertos, audiciones, espectáculos y televisión. Estos ritmos han llegado a formar parte de la música folclórica del Caribe y se han impregnado en la cultura antillana.

El martes 21 de marzo de 1995, el periódico *El Tiempo*, de Colombia, publicó un artículo titulado «Homenaje a los dioses de "mamá" África» con motivo del XVI Festival de Música del Caribe, en Cartagena, donde informa cómo se inició dicho festival:

> La primera ceremonia fue en honor del oricha Elegbá, señor de los caminos del bien y el mal, de la vida y la muerte. La madre mar, Yemayá, también apareció en escena y las mujeres invocaron para obtener la gracia y la virtud de la fecundidad.
>
> El bullerengue fue el sendero musical utilizado para rendir homenaje a los dioses de mamá África y el gran Caribe.
>
> Pero el gran señor del rayo, el vigor y la virilidad, el inmortal Changó, llegó convertido en la danza de las armas y la destreza, y un congo vigoroso llevó a la muchedumbre a los campos del ensueño. El poeta del pueblo porteño.[7]

---

7 E. García Martínez, *El Tiempo*, martes 21 de marzo de 1995, p. 9E.

Todo esto nos lleva a reconocer una erosión de los valores tradicionales directamente proporcional al vertiginoso aumento de movimientos que desean regresar a las religiones de las culturas nativas, a su idolatría, sus ritos y sus sacrificios. Hoy en día, bajo el disfraz de tradiciones culturales estamos abriendo puertas de maldición a nuestras ciudades y naciones.

Según un artículo escrito por Armando Correa, redactor de *El Nuevo Herald* de Miami, Florida, el miércoles 17 de agosto de 1994, hubo uno de estos movimientos llamado «Nueva Generación Cubana», que busca la unión de las religiones afrocubanas para aumentar su influencia social y política en la comunidad.

Conociendo esta realidad, podremos entender mejor la naturaleza de los problemas que oprimen a esta región y al continente, porque la música ha llegado a todas partes y su influencia es grande. Esta es la misma música utilizada en las ceremonias rituales del vudú y la santería. Frecuentemente, la gente participa consciente o inconscientemente de la adoración al demonio. Con razón, entonces, la influencia demoníaca en la presente civilización.

En África, Babalú Aye es el oriche o espíritu de la lepra y la varicela. Los santeros lo indentifican hoy en día como el dios de las enfermedades de la sangre y particularmente del Sida. Babalú Ayé se asocia con San Lázaro. He aquí algunos ejemplos del sincretismo en la santería:

- **Obaloke (San Roberto)**: rey de las montañas.
- **Eléggua (San Antonio)**: ángel de los espíritus.
- **Orula o Ifá (San Francisco de Asís)**: dios de los adivinos y los médiums, conocedor de los secretos del destino.
- **Changó (Santa Bárbara)**: director de los truenos y relámpagos.

- **Obatalá (Nuestra Madre de la Merced):** deidad de la justicia y la pureza.
- **Yegguá (Virgen de Monserrate):** pureza de corazón.
- **Ochún (Nuestra Señora de la Caridad):** diosa del amor y esposa de Changó.
- **Yemayá (Nuestra Señora de Regla):** símbolo de la fertilidad y la maternidad.
- **Oduda (San Manuel):** creador de la tierra y antepasado de los Yoruba.

La santería ha tenido gran aceptación entre la comunidad cubana y puertorriqueña de Nueva York, Miami, Los Ángeles, Chicago y otras ciudades en donde se concentran los hispanos. Con los exiliados cubanos al sur de la Florida, se estima que un diez por ciento de la comunidad hispana de Miami practica esta religión.

Su influencia se hace sentir. Hace algunos años, el entonces alcalde de Miami, Mauricio Ferré, asistió a un festival de santería. Argumentó que rehusar asistir al festival era como decirle a un político en Boston que no asistiera a la parada de San Antonio o del día de San Patricio. Recientemente, los líderes políticos del estado de Florida y de la ciudad de Miami se reunieron con sacerdotes de la santería y del vudú para pedir su ayuda a fin de evitar conflictos raciales. Con este reconocimiento oficial de la importancia de estas sectas en la vida de la comunidad, los líderes de la ciudad abrieron una puerta espiritual para que «espíritus familiares» tomaran territorialidad sobre la ciudad. Y no hace mucho, la Corte Suprema de Justicia de Estados Unidos de América decretó constitucional el sacrificio de animales como rito de la santería, en el famoso caso de «Ernesto Pichardo vs. Ciudad de Hialeah».

El colmo de la confusión quizás lo encontramos en Walter Mercado. La revista Buen Hogar publicó un artículo sobre

El misterio y las profecías de Walter Mercado, escrito por Ena Curnow, que dice:

> ¡Quién podría creer que un ser que se comunica directamente con los astros y los ángeles, se rinda de esta manera a los pies del amigo![...] Ahora interrumpe el tema de su sincretismo religioso y, por fin, se acomoda una observación: «Veo que combinas distintos cultos...» «¡Todos!», respondió sin titubear. Era tajante y rotunda. «Lo hago para adaptarme a todos los niveles de desarrollo o de evolución. Si alguien tiene fe en una piedra, en un ídolo, yo se lo respeto... todo lo creado *ES DIOS*...» Ahora habla como declamando una poesía del folclor afro: «Entonces tú me dices a mí, ¿por qué tú hablas de Yangó, de Obatalá, de Ochún, de la virgen de la Caridad, de Laschmi, de Kanech? He estado en todas las religiones... Bueno, ¡ese es mi doctorado...! Y en todas he visto que todas son caritas de Dios».[8]

La Biblia condena la idolatría

La Biblia es clara y específica con respecto a la idolatría y a la adoración de objetos y cosas hechas por la mano del hombre para representar a sus dioses.

> Los principados y potestades en lugares celestiales han vestido sus hábitos invisibles, labrado su caballo de Troya, infiltrado los segmentos de influencia de la sociedad y abierto las puertas para dar entrada a una inundación del mal. La Biblia nos alerta a la posibilidad de poderes malvados sobrenaturales que se atrincheran en las culturas locales y de allí controlan la vida divina y las costumbres.[9]

---

8 Ena Curnow, «El misterio y las profecías de Walter Mercado», Revista *Buen Hogar*, año 28, #25, p. 35.

9 R. Arthur Matthews, *Born for Battle* [Nacido para la batalla], OMF Books, Robesonia, PA, 1978, cap. 5, p. 56.

El juicio de Dios sobre las naciones idólatras es terrible y es el mismo sin acepción de naciones, ni de ciudades, ni de personas, ni de épocas. La Palabra del Señor permanece para siempre, no tiene edades. Después de leerla, entenderemos mejor el porqué de las condiciones en las que vivimos, el porqué de los problemas, del sufrimiento y del pecado en el presente siglo malo.

> Oíd la palabra que Jehová ha hablado sobre vosotros, oh casa de Israel. Así dijo Jehová: No aprendáis el camino de las naciones, ni de las señales del cielo tengáis temor, aunque las naciones las teman. Porque las costumbres de los pueblos son vanidad; porque leño del bosque cortaron, obra de manos de artífice con buril. Con plata y oro lo adornan; con clavos y martillo lo afirman para que no se mueva. Derechos están como palmera, y no hablan; son llevados, porque no pueden andar. No tengáis temor de ellos, porque ni pueden hacer mal, ni para hacer bien tienen poder. No hay semejante a ti, oh Jehová; grande eres tú, y grande tu nombre en poderío. ¿Quién no te temerá, oh Rey de las naciones? Porque a ti es debido el temor; porque entre todos los sabios de las naciones y en todos sus reinos, no hay semejante a ti. Todos se infatuarán y entontecerán. Enseñanza de vanidades es el leño. Traerán plata batida de Tarsis y oro de Ufaz, obra del artífice, y de manos del fundidor; los vestirán de azul y de púrpura, obra de peritos es todo. Mas Jehová es el Dios verdadero; Él es Dios vivo y Rey eterno; a su ira tiembla la tierra, y las naciones no pueden sufrir su indignación. Les diréis así: Los dioses que no hicieron los cielos ni la tierra, desaparezcan de la tierra y de debajo de los cielos. El que hizo la tierra con su poder, el que puso en orden el mundo con su saber, y extendió los cielos con su sabiduría; a su voz se produce muchedumbre de aguas en el cielo, y hace subir las nubes de lo postrero de la tierra; hace los relámpagos con la lluvia, y saca el viento de sus depósitos. Todo hombre se embrutece, y le falta ciencia; se avergüenza de

su ídolo todo fundidor, porque mentirosa es su obra de fundición, y no hay espíritu en ella. Vanidad son, obra vana; al tiempo de su castigo perecerán. No es así la porción de Jacob; porque Él es el Hacedor de todo, e Israel es la vara de su heredad; Jehová de los ejércitos es su nombre (Jeremías 10.1-16).

Capítulo 12

EL LABERINTO

Laberinto es confusión, algo de lo cual no hay salida; es enredo, embrollo. La mayoría de los seres humanos se encuentra en un laberinto, en callejones sin salida, en caminos que a ellos les parecen derechos, pero que su fin es camino de muerte (Proverbios 16.25). Muchos creen que la luz los guía, pero la verdad es que las tinieblas son las que lo hacen. Se dejan engañar por la luz que disfraza el demonio, «porque el mismo Satanás se disfraza como ángel de luz» (2 Corintios 11.14). Piensan que sirven a Dios, pero sirven al diablo.

La Palabra de Dios nos dice: «No participéis en las obras infructuosas de las tinieblas, sino más bien reprendedlas[...] todas las cosas, cuando son puestas en evidencia por la luz, son hechas manifiestas; porque la luz es lo que manifiesta todo» (Efesios 5.11,13). Y el Señor Jesucristo nos enseña: «Yo soy la luz del mundo; el que me sigue no andará en tinieblas, sino que tendrá la luz de la vida» (Juan 8.12). Nos dijo también: «Esta es la condenación: que la luz vino al mundo, y los hombres amaron más las tinieblas que la luz, porque sus obras eran malas» (Juan 3. 19).

Dios nos exhorta a que no nos asociémos ni participemos de las obras infructuosas de las tinieblas, sino más bien que las denunciemos y las reprendamos.

La Palabra de Dios y sus promesas

Las promesas de Dios son maravillosas para nuestras vidas. Sin embargo, no todos las disfrutamos. ¿Qué está pasando? Dios no miente, su Palabra es verdad, y Él quiere que tengamos la bendición de vivir sus promesas.

Si estudiamos cuidadosamente la Palabra de Dios, veremos que todas las promesas que Él nos hace son condicionales; para poder disfrutarlas, debemos cumplir ciertos requisitos. Esto no significa que las obras nos salven. Nos salva la gracia de Dios, pero somos salvos para obedecer a Dios y cumplir su voluntad, no para hacer la nuestra. Sus promesas son parte de nuestra herencia en Cristo Jesús. El Señor sabe que no somos inmunes a los ataques del maligno, por eso nos ha prometido poder y autoridad en su nombre, para que podamos vencer, y no sólo eso, sino para que seamos «más que vencedores» (Romanos 8.37).

En cierto sentido, esa misma promesa de victoria fue para el pueblo hebreo cuando Moisés lo sacó de Egipto. No los sacó para derrota, sino para victoria; no los sacó para que vivieran en el desierto, sino para que lo atravesaran y llegaran a la tierra que fluye leche y miel. Pero la Biblia y la historia nos dicen que a excepción de Josué y Caleb, ninguno de los que salieron, ni siquiera Moisés, entró a esa tierra. El pueblo que entró fue el que nació en el desierto. Cuarenta años fue un período muy largo para atravesar el desierto, la generación que salió no lo resistió. Pero lo asombroso de todo esto es que no necesitaban cuarenta años para cruzar el desierto. ¡Se calcula que lo podían hacer en seis u ocho meses! Los que salieron se esforzaron en llegar, pero no pudieron salir del laberinto de arena, sol y tinieblas, en que su rebeldía y su desobediencia a Dios y a Moisés les mantuvo. El ser cristiano no nos hace inmunes a los ataques del maligno. Al contrario, las huestes espirituales de maldad lanzan su más feroz ataque contra los que se atreven a retar y desafiar sus poderes, y sólo un conocimiento fiel y cabal de las Escrituras nos permitirá contrarrestar esos ataques y tener la victoria.

El propósito de este libro no es resaltar ni magnificar las obras de las potestades y los principados de las tinieblas, sino de revelar la forma en que Satanás, el gran engañador, influye en la humanidad. Según C.E. Arnold, «esta influencia comienza desde nuestro nacimiento con valores que nos inculcan nuestros propios padres y seres queridos. Luego se refuerza durante nuestra vida,tanto formal como informalmente a través del sistema educativo y los medios de comunicación, como también la presión de la sociedad. Es una continua influencia en nuestra manera de pensar, en nuestras tradiciones y costumbres. No significa que todo en nuestra sociedad sea malo, pero sí que un gran número de cosas que hay en ella nos aleja de Dios».[1]

Las armas de Satanás

Satanás influye y controla el mundo a través de las religiones abiertamente paganas o Cristo-paganas o seudocristianas, a través del ocultismo, de las sociedades secretas disfrazadas de disciplinas filosóficas como la Masonería, de corrientes espirituales como la Nueva Era y su énfasis aparente en la salud y el naturismo, y otras sociedades no secretas, pero ciertamente discretas que tienen su mano sobre los gobiernos, la educación, los medios de comunicación y el mundo de las finanzas. Todas forman un laberinto de fuerzas y tendencias, y corrientes y sistemas que aprisionan al ser humano e impiden la propagación del evangelio, tratando de estorbar el regreso del Señor Jesucristo.

1 C.E. Arnold, *Powers of Darkness* [Poderes de las tinieblas], InterVarsity Press, Downers Grove, IL, 1992, pp. 124-125.

Como pueblo de Dios, debemos estar informados de todo esto para que podamos interceder y derribar fortalezas en oración y ayuno a fin de defendernos de las potestades de las tinieblas, ayudando a liberar los oprimidos por el diablo.

• **Publicaciones importantes.** A finales de los 70 y principio de los 80 comenzaron a aparecer en los principales periódicos del mundo, páginas enteras de publicidad pagada anunciando: «El Cristo ha llegado». Se estima que se invirtieron millones de dólares promoviendo la llegada del Cristo. Los anuncios decían que el Cristo había venido no a juzgar, sino a inspirar. Según los anuncios, el nombre de este mesías era «Señor Maitreya», y su llegada instituía una «Nueva Era».

La revista *Reader's Digest* de octubre de 1982 tenía una página a todo color (p. 203), financiada por el *Luci's Trust*, grupo secreto que lleva el nombre de Lucifer y el cerebro de la Nueva Era. La página contenía una oración a Maitreya titulada La Gran Invocación. Las últimas palabras de esta oración decían: «Dejad que la luz, el amor y el poder restauren el Plan en la tierra».

> La Nueva Era es una grandiosa seducción de los últimos tiempos que se nos presenta simplemente como algo bellísimo, como la luz, como la verdad. Pero detrás de todo eso se halla Satanás proponiendo un cambio en la humanidad para que la gente caiga en sus garras. La Nueva Era se presenta como una síntesis de las religiones orientales, de la gnosis, del esoterismo y del espiritismo. Comienza a inundarnos tratando de implantar en la humanidad el reino de Satanás. Enseña la reencarnación y da muchas explicaciones físicas y astrológicas, pero es solamente un nuevo invento de Satanás para seducir a la humanidad. La Nueva Era abarca toda la variedad de ciencias ocultas. Comenzó en 1875 con la creación de La Sociedad Teosófica, por Helena Petrovna Blavatsky.[2]

---

2 Germán Castro Caycedo, *La Bruja*, Editorial Planeta, 1994, p. 204.

Entre los escritos de la Blavatsky están: *Isis descubierta* y *La doctrina secreta*. Años más tarde, Alicia Bailey también comenzó a escribir, según ella, dirigida por los espíritus. Decía que un ser sobrenatural se apoderaba de su mano y la hacía escribir. Es lo mismo que dicen algunos compositores de música rock, llamándolo «escritura automática». Entre los escritos de Alicia Bailey se encuentran: *Los rayos y las iniciaciones*, *Las iniciaciones humanas y solares*, *La reaparición de Cristo*, *La externalización y la jerarquía*. Otros autores de la Nueva Era son George Guerdjeff, H. G. Wells autor de *Una conspiración abierta* y *Planos para la revolución mundial*, y David Spangler que escribió *Revelación, el nacimiento de la Nueva Era*, *Reflexiones del Cristo*.

• **Movimientos culturales** que intentan volver al pasado y un giro a las religiones antiguas son parte de la conspiración de la Nueva Era. Sus seguidores creen que las enseñanzas religiosas de Babilonia se diseminaron por toda la tierra influyendo en el taoísmo, sintoísmo, hinduismo, budismo y toda la «sabiduría» de oriente. También en las religiones y culturas maya, azteca e inca, y entre los indígenas de Norteamérica.

• **Literatura.** La Nueva Era tiene sus propios libros de enseñanza espiritual: *El evangelio acuario del Señor Jesucristo*, *El libro de Urantia*, *La doctrina secreta* y muchos más. La influencia de la Nueva Era es muy grande. En cada aeropuerto y centro comercial se pueden encontrar libros, generalmente procedentes de España, y revistas que proclaman el mensaje de la Nueva Era. Algunos títulos que se ven con frecuencia son: *Magia sexual*, *Jesús el mago*, *Curaciones chamánicas*, *El poder del pensamiento positivo*, *El mundo del chamán*, *Bioenergética*, *Rituales y hechizos de santería*, *Visualización creativa*, *Terapia de regresión*, *La reencarnación o la ley del karma*, *Viaje astral*, *El otro Jesús*, etc.

• **Música.** Tanta es la influencia de este movimiento que la música de la Nueva Era se vende en cualquier supermercado o almacén de música, y es la única música religiosa que se puede escuchar en las empresas aéreas como American Airlines.

• **Televisión.** Por televisión se ofrecen talismanes, fetiches, amuletos, brazaletes de cuarzo, y se pide llamar por teléfono a los síquicos y chamanes espirituales para conocer las estrellas y la astrología que «rigen la vida».

• **Educación.** La educación no escapa de esta influencia. Hay universidades que enseñan ciencias parasicológicas, radiónica, hipnosis, bioinformación, acupuntura oriental, reflexología, tarot, magnetismo curativo, ocultismo, astrología, etc. Tristemente, muchísimos creyentes evangélicos están involucrados en todas estas cosas.

Advertencias contra los falsos maestros

Inspirado por el Espíritu Santo, el apóstol Pablo nos exhorta:

> Pero el Espíritu dice claramente que en los postreros tiempos algunos apostatarán de la fe, escuchando a espíritus engañadores y a doctrinas de demonios; por la hipocresía de mentirosos (1 Timoteo 4.1-2).

> El plan de la Nueva Era para la humanidad incluye el establecimiento de un nuevo orden mundial fundado sobre el amor y la fraternidad de los hombres. Ese es el anzuelo. Hablan de amor y fraternidad, confunden y enredan. Otra meta es el establecimiento de un nuevo gobierno mundial, centralizado y absoluto, y la instauración de una nueva religión mundial alrededor de un maestro que vendrá pronto.[3]

3 *Ibid.*, pp. 207-208.

Todo esto nos muestra que nos encontramos, realmente, en los últimos tiempos, de los cuales nos habló Jesucristo:

> Y estando Él sentado en el monte de los Olivos, los discípulos se le acercaron aparte, diciendo: Dinos, ¿cuándo serán estas cosas, y qué señal habrá de tu venida, y del fin del siglo? Respondiendo Jesús, les dijo: Mirad que nadie os engañe. Porque vendrán muchos en mi nombre, diciendo: Yo soy el Cristo; y a muchos engañarán[...] Y muchos falsos profetas se levantarán, y engañarán a muchos; y por haberse multiplicado la maldad, el amor de muchos se enfriará. Mas el que persevere hasta el fin, éste será salvo. Y será predicado este evangelio del reino en todo el mundo, para testimonio a todas las naciones; y entonces vendrá el fin[...] Entonces, si alguno os dijere: Mirad, aquí está el Cristo, o mirad allí está, no lo creáis. Porque se levantarán falsos Cristos, y falsos profetas, y harán grandes señales y prodigios, de tal manera que engañarán, si fuere posible, aun a los escogidos (Mateo 24.3-5,11-14,23-24).

La influencia de las tinieblas

Como civilización, nos encontramos en un laberinto de oscuridad y confusión. La mayoría de los seres humanos están sin hallar salida, atrapados, engañados, presos. Muchos grupos modernos e iglesias organizadas practican y celebran cultos centrados en el espiritismo y el ocultismo. En verdad, Babilonia todavía ejerce su influencia en nuestro mundo.

En Jamaica, el Rastafari promueve la revolución violenta y el odio al hombre blanco. Sus seguidores creían que el difunto emperador de Etiopía, Haile Selassie, era el mesías, dios todopoderoso. La influencia Rastafari se ha propagado por medio de la música Reggae. En Jamaica, el Rastafari y el Regggae están directamente entrelazados. Bob Larson, autor y evangelista cristiano, considera que Bob Marley, el conocido intérprete de la música Reggae, «es un devoto Rastafari. Este declara que Selassie se le apareció en una visión. Dice también que planea usar su música para diseminar la palabra de Jah, el nombre Rastafari de Dios. Es por eso que en algunas de sus composiciones usa versos de la Biblia para referirse a Selassie como el rey de reyes y señor de señores».[4]

El laberinto continúa

• **Macumba:** En Brasil, más de treinta y cinco millones de personas practican la macumba. Solamente en Río de Janeiro hay más de veinte mil iglesias de macumba. Esta se ha propagado al Uruguay, Argentina, las Guayanas, Venezuela y aun Estados Unidos. Es una mezcla de brujería y catolicismo. Según los macumberos, tanto Jesús como Moisés eran brujos.

• **Candombé:** Esta también es una mezcla de magia y religión en el Brasil. En ambos, los dioses y espíritus de sus antepasados africanos se mezclan con los del catolicismo y los de los indígenas brasileños. Entre Río de Janeiro y Sao Paulo existen oficialmente más de quince mil iglesias llamadas «Terreiros de candombé», sin incluir los numerosos grupos del noreste del Brasil. Invocan a los espíritus llamados Orixas que se manifiestan en sus ritos y ceremonias.

Como en la santería, los dioses de la macumba y el candombé, aun cuando vienen del África, tienen sus antecedentes en Babilonia y en Roma. Entre ellos está Oxún, la reina del candombé a la cual también se refieren como «Nuestra Señora de la Aparecida», patrona nacional. Otros dioses son los mismos que los de la santería, por ejemplo:

• *Xangó*, el dios de los truenos y relámpagos.

---

4 Bob Larson, *Babylon Reborn* [Babilonia renacida], Creation House, Lake Mary, FL, p. 72.

- *Yemanyá*, diosa de la fertilidad e hija de Oxúm.
- *Oxossi* (San Jorge), dios de la selva.
- *Omolu* (San Lázaro), dios de las medicinas.
- *Exú* (Echu o Eléggua en Cuba, Papa Legba en el vudú), mensajero de los dioses.

En algunos de sus ritos, como en el culto a la Pomba Gira (paloma que vuela), mujeres solteras, viudas y divorciadas y homosexuales, celebran orgías sexuales públicamente. En otros, como en la santería, hay derramamiento de sangre.

• **Sociedades secretas:** El laberinto se vuelve aún más intrincado con la existencia de las sociedades secretas. ¡Qué curioso! En veinte años de vida evangélica no he escuchado, desde ningún púlpito, ninguna enseñanza sobre estas organizaciones. El creyente, al igual que el incrédulo, ignora la existencia de muchas de estas sociedades que tienen tanta influencia en la vida de la humanidad.

Estas sociedades secretas se caracterizan por sus rituales, insignias, emblemas, contraseñas y ritos de iniciación. Todas han surgido de Babilonia, Egipto, Persia, Siria, España, Italia, Rusia, y otras naciones situadas en la ventana 10/40.

Otros grupos secretos que manipulan el mundo político, religioso y financiero son: El Club de Roma, La Comisión Trilateral, El Concilio de Relaciones Exteriores, Los Iluminados, La Rosacruz, La Logia B'nai B'rit, El Opus Dei, La Sociedad Teosófica, La Orden Negra, Los Sabios de Sion y muchos más.

Masonería

La Masonería tiene su origen en Babilonia y a Nimrod se considera el primer masón:

> Los masones son o dicen ser deístas. Teóricamente no puede haber masones ateos; deben tener alguna concep-

ción de Dios, no importa cuál. Al Creador lo llaman, hermosamente, «Gran Arquitecto del Universo», nombre que viene del oficio de la construcción, pues *masón* significa «albañil», en francés.[5]

La Masonería ha jugado un papel muy importante en la historia de América. Naciones como Uruguay, Argentina, Chile, Colombia, México y Estados Unidos han tenido gran influencia masónica. Ciudades como Montevideo, La Plata, Buenos Aires y Washington, fueron diseñadas, edificadas y fundadas por masones.

> Su rama operativa fue muy útil en los movimientos de estirpe liberal. «Libertad, igualdad, fraternidad», tríada que salió a la luz durante la revolución francesa, era la consigna privada de los masones acaudillados por Mirabeau. Los libertadores del Nuevo Mundo fueron todos hombres de escuadra y compás: Washington, Bolívar, San Martín, O'Higgins, Artigas, Juárez, etc. Sus tenidas tenían por objeto encubrir actividades sediciosas. Eran instrumentos políticos y así se conservaron hasta bien entrado el siglo veinte. Algunas veces, por sus características de sociedades secretas, las logias fueron generadoras de violencia y abusos económicos. El asesinato del Archiduque y su esposa en Sarajevo, según indicios, fue obra de masones. Hace poco, el mundo se enteró con indignación de los negocios sucios de esa «rosca» de caballeros de la industria que fue la logia italiana «Propaganda Due P-2», vinculada a la quiebra del Banco Ambrosiano.[6]

La historia de esta logia fundada por Giovano Gamberini, y más tarde encabezada por Licio Gelli, está llena de intrigas, asesinatos y terrorismo. Uno de sus miembros, Sin-

---

5 Darío Silva, *El hombre que escapó del infierno*, p. 217.
6 *Ibid.*, pp. 216-217.

dona, fue envenenado mientras se encontraba en una cárcel de alta seguridad.

Roberto Calvi, director del Banco Ambrosiano que pertenecía mayormente al Vaticano, también murió misteriosamente ahorcado. Se estaba enviando dinero del banco a través de bancos panameños, para subsidiar la guerrilla en Perú, Colombia, Nicaragua y el Salvador.

> Los masones no son cristianos sino universalistas, como todo el que razona que cualquier creencia es válida. Esto ha convertido a las logias, en muchos casos, en grupos religiosos con fuertes raíces esotéricas. Hay mucho de magia y espiritismo en sus tenidas, y los diferentes «grados» de perfección que el adepto va escalando, poseen rituales vinculados con formas de adoración satánica. En el mundo hay logias formadas por gérmenes ocultistas, en cuyo seno se practican las confusiones que los demonios han enseñado por milenios a la humanidad. Yo estuve vinculado a dos de los varios ritos masónicos: el Escocés Antiguo y Aceptado y el de York. Alcancé el título de Caballero del Real Arco, equivalente al Príncipe Rosacruz[...] a todo lo cual he renunciado, con oración liberadora de poder en el nombre de Jesucristo.[7]

Sólo en Cristo hay victoria

El laberinto satánico está bien establecido y bien arraigado. Es difícil salir de él. ¡Parece tan lógico, tan atractivo y tan interesante! No es fácil darse cuenta de que se está en un error. En realidad, se necesita el poder liberador de la sangre de Jesucristo para ser verdaderamente libres.

Pablo escribe sus epístolas a los cristianos de Éfeso y Colosas para preparar al pueblo de Dios para el conflicto con

7 *Ibid.*, p. 218.

los poderes de las tinieblas, prometiéndoles que vencerán y que Dios, en breve, aplastará a Satanás:

> Antes, en todas estas cosas somos más que vencedores por medio de aquel que nos amó. Por lo cual estoy seguro de que ni la muerte, ni la vida, ni ángeles, ni principados, ni potestades, ni lo presente, ni lo porvenir, ni lo alto, ni lo profundo, ni ninguna otra cosa creada nos podrá separar del amor de Dios, que es en Cristo Jesús Señor nuestro[...] Porque vuestra obediencia ha venido a ser notoria a todos, así que me gozo de vosotros; pero quiero que seáis sabios para el bien, e ingenuos para el mal. Y el Dios de paz aplastará en breve a Satanás bajo vuestros pies. La gracia de nuestro señor Jesucristo sea con vosotros (Romanos 8.37-39; 16.19-20).

Capítulo 13

¿CUÁN VIVA ESTÁ LA TRADICIÓN?

Mirad que nadie os engañe por medio de filosofías y huecas sutilezas, según las tradiciones de los hombres, conforme a los rudimentos del mundo, y no según Cristo (Colosenses 2.8).

Durante los últimos años se ha levantado un movimiento generalizado que propone el regreso a las raíces de nuestra cultura. En todo el hemisferio hay movimientos nacionales que a nivel político, religioso, educacional, cultural, promueven la conservación del patrimonio de nuestros antepasados.

Hace poco, en una entrevista televisada en el canal educacional de los Estados Unidos, una famosa artista y compositora mexicana relató cómo ella, para recibir inspiración artística y creativa, se iba a las pirámides de Teotihuacán para meditar. Era allí precisamente donde, según ella, recibía su don creativo. Presentó un espectáculo en el cual se vestía de la diosa Coatlicue e imploraba a los dioses de los antepasados que tomen control de la República Mexicana.

El éxodo de cubanos que huyen del régimen comunista se ha caracterizado por los ritos santeros a Yemayá, la diosa de los mares y la fertilidad, a quien invocan poco antes de iniciar la travesía para cruzar los ciento cuarenta y cinco kilómetros que separan a Cuba de Estados Unidos. A su vez, los haitianos residentes en Miami ofrecen sacrificios de vudú para influir en las autoridades de inmigración de Estados

Unidos para que no pongan trabas a los haitianos que escapan de su país. Y en California, los emigrantes de Guatemala, descendientes de los indios Quiché, celebran el Viernes Santo embriagándose con bebidas alcohólicas porque la «tradición» maya dice que si una persona se embriaga, está más cerca a Dios. En las calles de Chichicastenango, en Guatemala, el ron se derrama en las fiestas católicas para acelerar las oraciones hacia el cielo, algo similar a los rituales de los pueblos de Mesopotomia unos cinco mil años atrás.

Eric Pryor, del *Jubilee Christian Center* de San José (el cual pastorea mi compañero de la «Red Espiritual», Dick Bernal) envió un alerta de oración al Dr. C. Peter Wagner. Eric dice que, bajo el disfraz de «tradiciones culturales», Satanás está abriendo puertas de maldición en su ciudad, estableciendo una fortaleza territorial de adoración a Quetzalcóatl, la serpiente emplumada.

> Desde un punto de vista espiritual hay varias razones por las cuales la estatua a Quetzalcóatl se erigirá a menos que el Cuerpo de Cristo levante oraciones específicamente dirigidas contra esto. Estas oraciones deben ser específicas en su contenido puesto que la comunidad pagana y los neochamanes están invocando a los principados cuyos nombres son: *Tlazaolteolt* (en la puerta del norte), *Xochiquetzal* (en la puerta del este), *Chalchiuhtilcue* (en la puerta del sur) y *Tzitzmitl* (en la puerta del oeste).
>
> Son estas entidades subordinadas a Quetzalcóatl las responsables de abrir puertas espirituales para restablecer el sacerdocio tradicional de Quetzalcóatl. En toda la nación y alrededor del mundo se están invocando estas y otras entidades.
>
> Hace poco, de manera similar, paganos de todo Estados Unidos celebraron la dedicación de una estatua de catorce metros de altura de Atena, la diosa serpiente griega que representa lo mismo que la serpiente emplumada, el dios azteca Quetzalcóatl. Según los informes, el plan es

llevar a la juventud escolar en giras de educación para que mediten, cogidos de las manos, alrededor de la estatua. Se ha dicho también que la estatua será hueca en su interior, para que los niños entren a ella y sientan el espíritu de Quetzalcóatl y puedan ofrecerle ofrendas de frutas, flores y vegetales. Todo esto en nombre de la «tradición cultural».[1]

En mi libro *Derribemos fortalezas*, en el capítulo 13, «Festivales, peregrinaciones, ferias, carnavales y ritos», indico: «Los poderes satánicos toman potestad y se entronizan sobre naciones, regiones, provincias, ciudades y hasta vecindarios. Una de las maneras de hacerlo es cuando los habitantes locales les abren las puertas dándoles la bienvenida por medio de festivales, peregrinaciones, ferias, carnavales y ritos».[2]

¿Cómo sigue viva la tradición?

Pues en vano me honran, enseñando como doctrinas mandamientos de hombres. Porque dejando el mandamiento de Dios, os aferráis a la tradición de los hombres: los lavamientos de los jarros y de los vasos de beber; y hacéis otras muchas cosas semejantes[...] Bien invalidáis el mandamiento de Dios para guardar vuestra tradición (Marcos 7.7-9).

En un artículo titulado «Las fuerzas secretas, chamanes, curanderos y hechiceros» (*Informes Año Cero*), Luis Maggi indica que «las culturas de los pueblos de tradición están adquiriendo un inusitado avivamiento: el de conservar su patrimonio tradicional que no debe olvidarse, esto es que el verdadero poder del universo mora en el ámbito invisible y

1 *Spiritual Warfare Network Report*, vol. 2, #8, septiembre-diciembre de 1994, p. 3.
2 Héctor Torres, *Derribemos fortalezas*, Editorial Betania, Miami, FL, 1994, p. 140.

que de estos poderes o entidades espirituales se nutren los chamanes, los curanderos y los hechiceros».[3]

En Latinoamérica, las tradiciones religiosas de los pueblos indígenas han formado un sincretismo con el catolicismo, en el que se mezcla la religión de los conquistadores, el chamanismo de los indígenas y la hechicería de los esclavos africanos. En los ritos religiosos tradicionales, chamanes y curanderos invocan por igual al Espíritu Santo, a la Virgen María, a Cristo, a los santos y a los dioses de sus religiones como Cuauhtémoc, Pachamama, Viracocha, Chac o los Apus o Aukis, para obtener la respuesta a sus peticiones.

De esta manera, los poderes sobrenaturales de las tinieblas se posesionan y mantienen control sobre territorios geográficos, ejerciendo su influencia a todo nivel: político, económico, educacional, social, espiritual y cultural. Por medio de los ritos y de los sacrificios de brujos, hechiceros, curanderos y adivinos, engañan, controlan y manipulan al ser humano. Trabajan en el campo de la mente creando ilusiones y temor, y promulgando creencias totalmente opuestas a la voluntad de Dios.

La hechicería se basa en una tradición fundada sobre el poder de la sangre y de la muerte. A lo largo de la historia, Satanás ha buscado recibir gloria mediante el derramamiento de sangre, lo cual es abominación delante de Dios. Esta es una de las razones por las que el aborto es tan importante para él. En primer lugar, porque se opone a la creación de Dios, a la vida, pues esta viene solamente de Dios. Y en segundo lugar, porque se glorifica en la muerte y en el derramamiento de sangre del ser creado.

> Y no des hijo tuyo para ofrecerlo por fuego a Moloc; no contamines así el nombre de Dios. Yo Jehová (Levítico 18.21).

---

3 Luis Maggi, *Informes Año Cero*, abril de 1993, pp. 5-6.

No harás así a Jehová tu Dios; porque toda cosa abominable que Jehová aborrece, hicieron ellos a sus dioses; pues aun a sus hijos y a sus hijas quemaban en el fuego a sus dioses (Deuteronomio 12.31).

Los ritos mágicos y hechiceros continúan en el mundo, en algunos casos como tradiciones de los antepasados y en otros como prácticas religiosas paganas actuales. En todos los casos, se está librando una guerra espiritual entre el «reino de las tinieblas» y el «Reino de la luz».

En la vida tribal se buscaba alimentar a las entidades de las tinieblas con el sacrificio de personas y animales; se alentaba el canibalismo y la captura de los poderes y de las almas de los muertos. El hechicero creía que de esta manera sellaba un pacto con esas entidades y continuaba en posesión de su parcela de poder.[4]

Da tristeza pensar que muchos inconversos que carecen de la revelación de Dios o de su Palabra tienen más conocimiento respecto a las cosas espirituales que algunos cristianos. Con buena razón el apóstol Pablo escribe a los santos de la iglesia en Corinto exhortándolos a no ser ignorantes en cuanto a las cosas espirituales: «No quiero, hermanos, que ignoréis acerca de los dones espirituales. Sabéis que cuando erais gentiles, se os extraviaba llevándoos, como se os llevaba, a los ídolos mudos» (1 Corintios 12.1-2).

En un artículo titulado *Cómo actúa la magia,* Philippe Gravelón escribe sobre una batalla para conquistar la tierra y las mentes de la humanidad:

El poder y el misterio de la magia se pierde en la noche de los tiempos. Leyendas y mitos la sitúan en el centro de los acontecimientos históricos. En la antigüedad, formaba

4 *Ibid.*, p. 14.

> parte de las tradiciones religiosas[...] Los magos iniciaron una batalla que se centró en la conquista y la disputa del poder sobre la tierra[...] Esta batalla, aunque invisible, no ha cesado de crecer y llega hasta nuestros días, amenazando en involucrar a toda la civilización en su combate.[5]

La tradición está vigente en los ritos, ferias, festivales, carnavales, peregrinaciones, altares de sacrificio, estatuas, fetiches, amuletos, danzas, música, hechicería, curandería, astrología, numerología, magia, sacrificios de animales, consumo de alcohol, consumo de coca y otras drogas. Y los medios de comunicación hacen su parte para influir en la mente colectiva: «Es fácil rendirse a fenómenos que se nos manifiestan desde la dimensión ultrafísica cuando nuestra ignorancia no advierte la astucia de los agentes infernales que los producen[...] He conocido varias formas de adivinación y, en realidad, bola de cristal, baraja, líneas manuales, taza de café, té, chocolate, tabaco, fuego, agua, intestinos de animales o cualquier otro objeto que se emplee, son sólo motivos de concentración de los augures, quienes reciben directamente en la siquis el mensaje trasmitido por las ondas de altísima frecuencia que forman la red de comunicaciones de los ángeles caídos. Ellos emplean, igual que en el mundo natural se hace, medios escritos, auditivos y televisados para manipular a las personas».[6]

> Cuando entres a la tierra que Jehová tu Dios te da, no aprenderás a hacer según las abominaciones de aquellas naciones. No sea hallado en ti quien haga pasar a su hijo o a su hija por el fuego, ni quien practique adivinación, ni agorero, ni sortílego, ni hechicero, ni encantador, ni adivino, ni mago, ni quien consulte a los muertos. Porque es abominación para con Jehová cualquiera que hace estas

5 P. Gravelón, *Informes Año Cero*, abril de 1993, p. 21.
6 Darío Silva, *El hombre que escapó del infierno*, pp. 203-204.

> cosas, y por estas abominaciones Jehová tu Dios echa estas naciones de delante de ti. Perfecto serás delante de Jehová tu Dios. Porque estas naciones que vas a heredar, a agoreros y a adivinos oyen; mas a ti no te ha permitido esto Jehová tu Dios. Profeta de en medio de ti, de tus hermanos, como yo, te levantará Jehová tu Dios; a él oiréis (Deuteronomio 18.9-15).

Las consecuencias de la desobediencia es que esta abre puertas espirituales que traen maldición y juicio a los individuos que practican tales cosas como también a las regiones, provincias y ciudades en donde estas ocurren.

Dios no cambia. Es inmutable. Su palabra permanece para siempre. Han cambiado los tiempos y las edades, pero sus juicios son los mismos. Por eso, frente a los acontecimientos de este tiempo, debemos atender como nunca antes su palabra eterna, diciéndonos:

> Le despertaron a celos con los dioses ajenos; lo provocaron a ira con abominaciones. Sacrificaron a los demonios, y no a Dios; a dioses que no habían conocido, a nuevos dioses venidos de cerca, que no habían temido vuestros padres. De la Roca que te creó te olvidaste; te has olvidado de Dios tu creador. Y lo vio Jehová, y se encendió en ira por el menosprecio de sus hijos y de sus hijas. Y dijo: Esconderé de ellos mi rostro, veré cuál será su fin; porque son una generación perversa, hijos infieles. Ellos me movieron a celos con lo que no es de Dios; me provocaron a ira con sus ídolos; yo también los moveré a celos con un pueblo que no es pueblo, los provocaré a ira con una nación insensata. Porque fuego se ha encendido en mi ira, y arderá hasta las profundidades del Seol; devorará la tierra y sus frutos, y abrasará los fundamentos de los montes. Yo amontonaré males sobre ellos; emplearé en ellos mis saetas. Consumidos serán de hambre, y devorados de fiebre ardiente y de peste amarga; diente de fieras enviaré también sobre ellos, con veneno de serpientes de la tierra. Por fuera desolará la espada, y dentro de las cámaras el espanto; así al joven

como a la doncella, al niño de pecho como al hombre cano (Deuteronomio 32.16-25).

El apóstol Juan declara el juicio de Dios para los que continúan con sus tradiciones, pues al sonar la sexta trompeta, se desata una plaga que destruye una tercera parte de los hombres. Lo increíble es que la Biblia dice que aun después de este castigo muchos no se arrepentirán.

> Y los otros hombres que no fueron muertos con estas plagas, ni aun así se arrepintieron de las obras de sus manos, ni dejaron de adorar a los demonios, y a las imágenes de oro, de plata, de bronce, de piedra y de madera, las cuales no pueden ver, ni oír, ni andar; y no se arrepintieron de sus homicidios, ni de sus hechicerías, ni de su fornicación, ni de sus hurtos (Apocalipsis 9.20-21).

A pesar de tanta rebelión contra Dios que caracteriza nuestros tiempos, el mandamiento del Señor es bien claro: «Por tanto, amados míos, huid de la idolatría» (1 Corintios 10.14).

CUARTA PARTE

LA BATALLA

Mira que te he puesto en este día sobre naciones y sobre reinos, para arrancar y para destruir, para arruinar y para derribar, para edificar y para plantar[...] ¡Mis entrañas, mis entrañas! Me duelen las fibras de mi corazón; mi corazón se agita dentro de mí; no callaré; porque sonido de trompeta has oído, oh alma mía, pregón de guerra.

Jeremías 1.10; 4.19

Capítulo 14

ESTRATEGIAS PARA LA BATALLA

Durante los últimos quince años, la iglesia evangélica en Latinoamérica ha tenido el más grande crecimiento de su historia. Algunos países tienen más del veinte por ciento de evangélicos entre su población. Este crecimiento se debe, en gran parte, a que la Iglesia ha reconocido el poder de la oración y el valor de la unidad, y con ese conocimiento ha entrado en guerra espiritual para tomar ciudades y naciones para Cristo. En esta sección presentaré reportes recibidos de tres naciones que están experimentando este crecimiento y este avivamiento.

La estrategia en el libro de Hechos

> Así continuó por espacio de dos años, de manera que todos los que habitaban en Asia, judíos y griegos, oyeron la palabra del Señor Jesús (Hechos 19.10).

El libro de los Hechos nos revela con toda claridad el método o estrategia para saturar ciudades y naciones con el evangelio. El mandato de Jesús a los discípulos fue el de cumplir la Gran Comisión una vez que el poder del Espíritu Santo les capacitara. Sin el derramamiento del Espíritu, la Iglesia no está en condiciones de llevar a cabo su mandato.

De una manera específica, Jesús indica que esa comisión debe comenzar en la ciudad de Jerusalén, continuar por la región de Judea, seguir luego por toda Samaria y llegar finalmente «hasta lo último de la tierra» (Hechos 1.8). Ahora, el método debe ser el mismo. Debemos comenzar por nuestra ciudad, continuar con todo nuestro país, proseguir con las naciones vecinas, luego por todo el continente y, finalmente, por todo el mundo.

Para que eso sea posible, la Iglesia debe cumplir con ciertos requisitos:

- Tener obediencia y sumisión (Hechos 1.4).
- Orar corporativamente en intercesión (Hechos 1.14; 4.31).
- Mantenerse en unidad (Hechos 2.13; 4.32).

Cumplidas estas condiciones, vendrá la dirección inequívoca de Dios y el poder para obedecerla fielmente. En esencia, esta es la estrategia a seguir. Los demás detalles, Dios los dará en su momento oportuno. Las tres condiciones enumeradas son importantes, pero el resultado de su cumplimiento serán poder, avivamiento, frutos.

¿Por qué las ciudades?

En primer lugar, porque en la ciudad se concentra la mayor cantidad de población. Toda la gente está reunida en la misma localidad, con ciertas características comunes. Se dice que para el año 2000 el ochenta por ciento de los habitantes de Latinoamérica vivirán en ciudades con una población de más de un millón de habitantes. Esto se deberá, en parte, a la migración de la población rural que se incrementa cada día.

En segundo lugar, porque la ciudad es el lugar de mayor necesidad física y espiritual masiva. A pesar de tanta población, las personas se sienten solas. Debido a la congestión, los problemas sociales se agudizan y surgen enfermedades, pobreza y corrupción.

En tercer lugar, la ciudad es el centro de comunicación y poder. Como en los días del apóstol Pablo, hoy también las ciudades determinan el pulso de toda la nación.

Se han escrito varios libros sobre este tema, como el de John Dawson: *La reconquista de tu ciudad* y el de Floyd McClung: *Viendo nuestras ciudades a través de los ojos de Dios*. Dawson dice que: «Las ciudades son la cúspide de la sociedad donde las ideologías, la cultura y las modas nacen, se desarrollan y fluyen para influir en toda su población (incluyendo los cristianos)».[1]

Robert Liardon, en su libro *Final Aproach* [Acercamiento final], dice: «Creo que Dios prefiere ver cambiar a una ciudad antes que destruirla».[2]

El clamor de la ciudad

> Levántate y ve a Nínive, aquella gran ciudad, y pregona contra ella; porque su maldad ha subido hasta mí (Jonás 1.2).

La Biblia enseña que las ciudades tienen «voces» que claman a Dios. Naturalmente, es el clamor de sus moradores, pero si es el clamor de los creyentes, orando y alabando a Dios, este prevalecerá sobre el estruendo de los que maldicen y proclaman su maldad.

El Señor oye los clamores y responde de acuerdo al mismo:

> Entonces Jehová le dijo: Por cuanto el clamor contra Sodoma y Gomorra se aumenta más y más, y el pecado de ellos se ha agravado en extremo, descenderé ahora, y veré si ha

1 Héctor Torres, *op. cit.*, p. 239.
2 Robert Liardon *Final Aproach*, Creation House, Lake Mary, FL, 1993, p. 163.

> consumado su obra según el clamor que ha venido hasta mí; y si no, lo sabré (Génesis 18.20-21).

Otro ejemplo del clamor que Dios oyó es el siguiente:

> Aconteció que después de muchos días murió el rey de Egipto, y los hijos de Israel gemían a causa de la servidumbre, y clamaron; y subió a Dios el clamor de ellos con motivo de su servidumbre. Y oyó Dios el gemido de ellos, y se acordó de su pacto con Abraham, Isaac y Jacob. Y miró Dios a los hijos de Israel, y los reconoció Dios (Éxodo 2.23-25).

En el día del juicio serán juzgadas las ciudades, de acuerdo a su condición. Si usted ama a su ciudad y a su nación y quiere obedecer a su Dios, debe proclamar su mensaje en ella. Recuerde que Jonás predicó en Nínive, la ciudad se arrepintió, y Dios no envió el juicio que había dicho (Jonás 3.10).

Hoy en día, miles de homosexuales, lesbianas y los que con ellos simpatizan, desfilan por las calles de las ciudades proclamando a voz en cuello su estilo de vida. Los simpatizantes del aborto declaran en voz alta su inclinación. Así están las ciudades. Y Cristo dijo que si no hay arrepentimiento, sería más tolerable el castigo para Sodoma en el día del juicio.

En los últimos años, debido a un movimiento de unidad de la iglesia evangélica, hemos comenzado a ver un cambio en nuestras ciudades. El 25 de junio de 1994, los cristianos se lanzaron a las calles de muchas ciudades alrededor del mundo en un desfile de alabanza y gloria para el Señor Jesús. Según los directivos de «Marcha para Jesús», en Sao Paulo, Brasil, más de ochocientos cincuenta mil cristianos danzaron y cantaron por las calles en medio de la lluvia en un día frío, proclamando el nombre de Jesús. En San José, Costa Rica, doscientas mil personas de todas las denominaciones marcharon demostrando su amor a Jesús y su deseo de causar impacto en su ciudad y en su nación. En la ciudad de Guatemala, setenta mil cristianos evangélicos marcharon por las calles. Ciento setenta y siete naciones marcharon ese día, en la primera marcha global para Cristo que abrió muchas regiones del mundo a las bendiciones de Dios.

Hay muchas ciudades en las cuales pastores y líderes se están uniendo para orar y derribar fortalezas sobre ellas. El Rev. Enrique Cepeda informa desde Monterrey, México, lo siguiente: «Iglesias de muchas denominaciones se unieron para orar durante ciento sesenta y ocho horas por su ciudad, las autoridades y la ventana 10/40. El 18 de abril de 1994 varias iglesias se unieron para orar por varias horas. Se invitaron a los líderes eclesiásticos de Monterrey para reunirse con otros pastores y líderes de Irapuato, Guanajuato, debido a la necesidad de orar unidos. La respuesta fue fenomenal, cuarenta y un pastores y veinticinco líderes laicos de muchas denominaciones se reunieron durante varias horas de enseñanza y oración. La reunión terminó con todo el grupo de rodillas orando por más de una hora.[3]

Las reglas para la batalla

Antes de lanzarse a la batalla es necesario observar seis reglas importantes:

Regla #1: Seleccionar un área definida

Hay ciudades pequeñas que se pueden abarcar como un todo. Fray Bentos, por ejemplo, en el Uruguay, una ciudad de aproximadamente quince mil habitantes con un tres por ciento de creyentes evangélicos. Después de cuatro días de campaña y de oración, especialmente de intercesión en los últimos dos días, el número de creyentes aumentó en más del veinte por ciento aun cuando ese porcentaje significó sólo un uno por ciento de la población total.

---

3 *Prayer Track News*, Global Harvest, julio de 1994, p. 5.

Según la revista «Misión Latinoamericana» (LAM), mediante el programa de John Huffman, «Cristo para la ciudad», se dividió a la ciudad de Medellín, Colombia, con tres millones de habitantes, en doscientos cincuenta y cinco vecindarios. Cada una de estas zonas se dibujaron en mapas pormenorizados que incluyeron detalles demográficos, pero también espirituales. Los mapas se distribuyeron a grupos específicos de oración y de intercesión en todo el país y en otros países. Después de guerrear en el mundo espiritual en oración e intercesión, por un tiempo específico, equipos locales visitaron y oraron por el área como lo hizo Josué en Jericó. Fue en 1989 cuando comenzó el proyecto. En sólo seis meses, la iglesia creció de nueve a once mil miembros y se establecieron diez nuevas iglesias. Para 1990 la población evangélica había aumentado en un catorce por ciento más. Los equipos locales siguen en acción y cuando se percatan de algún desmoronamiento en el ámbito espiritual, vuelven a visitar todos los hogares del vecindario para orar y exhortar.

Uno de los grupos participantes de fuera de la ciudad es la Conferencia General Bautista de Estados Unidos. Aunque tradicionalmente no recibían visiones ni palabras proféticas, un grupo oyó con claridad la voz del Señor de que en un área específica del mapa, por la que oraban, había un lote de terreno vacío que tenía algún serio impedimento para que esa área fuera impactada espiritualmente. Enviaron un fax a las oficinas del ministerio en Medellín contándoles lo que habían recibido en visión. Los hermanos fueron al lote vacante que había en esa área y hallaron cinco objetos de ocultismo enterrados por las brujas que controlaban el vecindario. Después que estos se destruyeron, el evangelio fluyó con facilidad en esa área.

En ese lugar, la Palabra del Señor crecía y el número de los discípulos aumentaba, porque permanecían unánimes en el templo entregados de continuo a la oración (Hechos 6.7).

Regla #2: Unir a los pastores y obreros

Ninguna ciudad se tomará para Cristo, a menos que los pastores (guardas de la ciudad) se unan y cada cual con la llave que se le ha dado abra las puertas al evangelio.

Líderes y pastores deben tener comunicación y deben trabajar juntos. Sobre todo, deben permanecer en oración e intercesión por la ciudad.

> Proclamad ayuno, convocad a asamblea; congregad a los ancianos y a todos los moradores de la tierra en la casa de Jehová vuestro Dios, y clamad a Jehová (Joel 1.14).

> Y la multitud de los que habían creído era de un corazón y un alma; y ninguno decía ser suyo propio nada de lo que poseía, sino que tenían todas las cosas en común. Y con gran poder los apóstoles daban testimonio de la resurrección del Señor Jesús, y abundante gracia era sobre todos ellos (Hechos 4.32-33).

Regla #3: Tener bien definido el cuerpo de Cristo

Es necesario proyectar una imagen clara del cuerpo y de que el esfuerzo no es una actividad de pentecostales y carismáticos, sino de todo el cuerpo de Cristo. Edgar Silvoso, argentino y de trasfondo bautista, dice: «La artimaña principal de Satanás es la de hacer de la guerra espiritual un punto de división, mientras que el verdadero concepto es el de que la guerra espiritual debe ser el fundamento para la unión del cuerpo de Cristo».

Todos los creyentes, sean o no carismáticos, tienen que hacer dos cosas: recibir la palabra con toda solicitud y escudriñar las Escrituras diariamente para ver si estas cosas son así (Hechos 17.11). Cada vez más, el Espíritu Santo está impactando a los líderes en todo el Cuerpo de Cristo. Esto, en sí, es un avance del Reino de Dios.

Regla #4: Prepararse espiritualmente

Es necesario incorporar y asegurar la preparación de líderes y otros participantes conduciéndolos al arrepentimiento, a la humildad y a la santidad. La confesión de pecado tanto personal como colectiva en la iglesia, y también la confesión de los pecados de los antepasados, al estilo de Jeremías, Nehemías y Moisés que clamaban perdón por sus pecados y los de la nación para ver la justicia de Dios manifestada en su gracia y misericordia, y no en su ira, es indispensable para que descienda el poder sobrenatural de Dios para la tarea.

Orar los unos por los otros, romper las maldiciones del pasado, pedirse mutuamente perdón por los celos, envidias, divisiones y sectarismos. Al limpiar los vasos del liderazgo de la ciudad, el Cuerpo de Cristo recibe sanidad.

Regla #5: Realizar una investigación profunda

Es necesario buscar las raíces históricas de la ciudad y reconocer las fuerzas espirituales que constituyen su carácter.

- **Nueva York:** Mamón.
- **San Francisco:** espíritus inmundos y de perversión.
- **Miami:** espíritus de brujería y ocultismo.
- **Medellín:** espíritus de violencia, avaricia y brujería.
- **Brasilia:** espíritus de idolatría y ocultismo.

Toda esta información nos ayuda a entender cómo y por qué debemos interceder para poder tomar las ciudades para Cristo.

Regla #6: Reconocer quiénes son intercesores

No todos los que oran son intercesores, aunque todos son llamados a interceder. Así como no todos los que profetizan son profetas ni los que enseñan maestros. Todos tenemos el llamamiento a interceder, pero hay algunos individuos dotados especialmente por Dios para llevar a cabo una misión en este nivel de guerra espiritual.

El doctor C. Peter Wagner en su libro *Your Spiritual Gifts Can Help Your Church Grow* [Tus dones espirituales pueden ayudar a que tu iglesia crezca], define a un intercesor de esta manera: «El don de intercesión es la capacidad especial que Dios concede a ciertos miembros del Cuerpo de Cristo para que oren durante largos períodos en forma regular y vean contestaciones frecuentes y específicas a sus oraciones en un grado mucho mayor que el que se espera del cristiano medio».[4]

El trabajo con los intercesores

Es necesario trabajar con intercesores (personas especialmente dotadas y llamadas a guerrear en un nivel estratégico) para buscar la revelación de Dios en cuanto a lo siguiente:

A. El don o los talentos para la redención de una ciudad.

B. Las fortalezas de Satanás en la ciudad.

C. Los espíritus territoriales asignados a la ciudad.

D. Los pecados y maldiciones del pasado y del presente, contra los cuales hay que luchar.

E. El plan de Dios y el tiempo correcto para el ataque.

Finalmente, el Cuerpo de Cristo está llamado a interceder por los líderes cristianos. Cada persona involucrada en cualquier fase del ministerio o liderazgo debe tener intercesores personales que oren por ella diariamente y los cubran con una permanente oración de intercesión.

---

4 C. Peter Wagner, *Your Spiritual Gifts Can Help Your Church Grow*, Regal Books, Glendale, CA, 1979, p. 263.

Orando también al mismo tiempo por nosotros, para que el Señor nos abra puerta para la palabra, a fin de dar a conocer el misterio de Cristo, por el cual también estoy preso (Colosenses 4.3).

Hermanos, orad por nosotros (1 Tesalonicenses 5.25)

Orando en todo tiempo con toda oración y súplica en el Espíritu, y velando en ello con toda perseverancia y súplica por todos los santos; y por mí, a fin de que al abrir mi boca me sea dada palabra para dar a conocer con denuedo el misterio del evangelio (Efesios 6.18-19).

Por lo demás, hermanos, orad por nosotros, para que la palabra del Señor corra y sea glorificada, así como lo fue entre vosotros (2 Tesalonicenses 3.1).

Oración de guerra

Señor Todopoderoso, envíanos a cada nación, capital, ciudad y aldea. Permítenos ejercitar tu autoridad en oración y guerra espiritual para poseer la tierra que nos has dado, la ciudad a la cual nos has enviado.

Abre los corazones de líderes nacionales para recibir tu evangelio y levanta líderes cristianos laicos que declaren con denuedo las buenas nuevas del Reino. Derrama tu poder sobre todos los que, unidos como ejército de Dios, se levanten para liberar a los perdidos y para destruir las obras del maligno.

Soberanamente, abre las puertas de los palacios presidenciales, congresos, cámaras de representantes, cortes de justicia, gobiernos nacionales, estatales y municipales para la proclamación de tu nombre. Trae cambios constitucionales y abre los medios de comunicación para la proclamación del evangelio. AMÉN.

Capítulo 15

DESDE LAS TRINCHERAS: CALI, COLOMBIA

Por *Marcela Mcmillan y Lucila Arboleda*

Marcela McMillan y su esposo Randy, sirven como pastores y directores de las iglesias Comunidad Cristiana de Fe en varias naciones de Latinoamérica, con sede en Cali, Colombia, donde pastorean una de las iglesias más grandes de esa ciudad.

Lucila Arboleda es la directora de misiones y coordinadora de intercesión para estas iglesias.

En el año de 1984, un grupo de hermanas en Río de Janeiro, Brasil, se encontraba intercediendo por Sudamérica. Al interceder por Colombia, el Señor les mostró un pasaje del libro de Crónicas, el capítulo 14. A finales de ese año nos visitó la coordinadora de la Asociación Lidia para Sudamérica (asociación de damas de intercesión), para que oráramos al Señor pidiendo dirección y estrategias de oración para nuestras ciudades y nuestra nación.

A principios de 1985, un grupo de damas de nuestra iglesia, de uno de los grupos de intercesión, empezamos a estudiar dicho pasaje, mientras seguíamos intercediendo por Colombia. Estas fueron las revelaciones y estrategias de oración que el Señor nos mostró.

Estrategias del combate

Para interceder por nuestra ciudad, Cali, debíamos derribar primeramente los «lugares altos» que había en ella y que estaban:

- En las montañas (imágenes).
- En los altares de las iglesias (imágenes).
- En los corazones (dioses falsos).

Al preguntarle al Señor qué debíamos hacer con esta revelación, nos dirigió a estudiar 1 Crónicas 14.8-16. Entonces, encontramos tres estrategias para combatir al enemigo.

Estrategia #1 (v. 8): *Salió contra ellos*

«Ellos» eran los filisteos que se habían extendido por el valle de Refaim. El nombre «Refaim» en hebreo significa «lugar alto». Los filisteos eran enemigos de Israel, y hoy en día simbolizan los espíritus malignos. Así el Señor nos llevó a orar en el Espíritu contra los espíritus que Él nos revelaba en cada situación, ciudad y nación.

Estrategia #2 (v. 10): *Sube, porque yo los entregaré en tus manos*

Cuando David le pidió dirección, Dios le dijo que subiera al lugar. Subieron al lugar que se llamaba Baal-perazim, que en hebreo significa «el Señor quebranta» y allí los derrotó David. No se llevaron su ídolos sino que los quemaron.

Estrategia #3 (vv. 14-15): *No subas tras ellos, sino rodéalos[...] sal luego a la batalla*

Aquí vemos dos estrategias en una. Primero, Dios específicamente dice a David que la estrategia no era subir, sino rodearlos. Segundo, la orden era venir a ellos delante de las balsameras y esperar allí hasta oír un ruido como de marcha por las copas de las balsameras y entonces entrar en la batalla, porque Jehová saldría delante de ellos a herir el campamento de los filisteos.

La explicación más clara de esta estrategia está en el pasaje paralelo del segundo libro de Samuel capítulo 5, versículo 17, especialmente en los versículos 23 y 24.

Seguidamente indicaremos la aplicación de las estrategias de intercesión.

Las estrategias en la práctica

En febrero de 1985, hubo una refriega sangrienta en Corinto, departamento del Cauca, entre las fuerzas armadas y una facción de un grupo ex guerrillero del M-19. Como el Señor nos reveló los espíritus que reinaban en dicho lugar, usamos la primera estrategia de batallar orando en el Espíritu, atando los espíritus de guerra, muerte, destrucción, etc.

En julio de 1985, el Señor nos llevó a subir a un lugar alto de la ciudad de Cali, una loma donde está la estatua de Cristo Rey (replica del Corcovao de Río de Janeiro). Al subir por la carretera que lleva a esta estatua, nos hizo detenernos delante de otra estatua que estaba allí. Es de una virgen que se llama Yanaconas (nombre de esa región donde está la virgen). Esta virgen es la patrona de un seminario de la comunidad de los Hermanos Maristas, conocidos educadores en Colombia. En sus centros de educación se formaron muchos hombres durante las dos últimas generaciones. Allí entendimos la relación que hay entre nuestra nación del dominio matriarcal y la cobertura de autoridad espiritual sobre las vidas de estos hombres. En el Antiguo Testamento fue la diosa Astarot la que tomó este papel de dominio matriarcal sobre las naciones. Oramos entonces para atar los espíritus relacionados con Astarot como el error, el dominio matriarcal, la prostitución, la depravación sexual, la violencia, la guerra, la matanza, los celos, el engaño y la piedad falsa. Luego oramos para romper las ataduras del alma en las personas que estudiaron en estos planteles educativos. Como dato interesante, alrededor de donde se encuentra la estatua de esta virgen hay muchas casas de prostitución. Cuando subimos a aquel sitio, ignorábamos que muy cerca se encontraba escondida la guerrilla, lista para tomar la ciudad de Cali.

Al llegar a la estatua de Cristo Rey leímos unas placas que había alrededor de su base donde estaban inscritas bendiciones para la ciudad. Según la creencia popular, Dios ha dado muchas bendiciones a la ciudad. Leímos cada placa declarando su contrapartida: las promesas de la Palabra de Dios para los habitantes, las familias, los matrimonios, las autoridades, la prosperidad, la seguridad y la paz. El Señor nos hizo rodear la estatua dándole la espalda y con nuestra cara hacia la ciudad, simbolizando que estábamos rodeando a la ciudad de Cali. Esto nos llevó a revivir la estrategia que Dios le dio a Josué en la toma de Jericó. Dimos siete vueltas con alabanza y danza, cantando la canción de Josué 1.3: «Todo lugar que pisare la planta de tu pie te lo he dado». Cuando dimos la séptima vuelta, el Señor nos llevó a dar el grito de victoria, haciéndonos entender que esos muros de corrupción, engaño religioso, etc., estaban derrumbados por el poder de la presencia de Dios en medio de su iglesia en esta ciudad.

A finales de julio de 1985, el Señor nos mostró la importancia de orar por otro lugar alto en Cali: la loma de las «tres cruces» a donde los caleños hacen peregrinaciones en la Semana Santa y en el día de la cruz (junio 3). Su Espíritu nos guió a los Evangelios, a los pasajes de la crucifixión, para que discerniéramos los espíritus que estaban presentes en ese momento, representados a través de cada incidente, palabra y actitud que se hubiera manifestado. Atamos todos esos espíritus sobre la ciudad de Cali, tales como burla, venganza, provocación, injuria, angustia, maldición, duda, incredulidad, juegos de azar, impiedad, asfixia, muerte, sofoco, indiferencia, escarnio, abandono, confusión, desafío, insulto, oprobio, humillación, amargura, envidia, guerra, suplicio, tortura, rebeldía, vanagloria, superstición, robo, morbosidad, altivez, dolor, orgullo, crueldad, curiosidad, menosprecio, para luego desatar sobre la ciudad el espíritu de temor de Dios, de su misericordia y del reconocimiento de su gloria.

En esta ocasión, el Señor nos mostró específicamente *no subir*, sino usar la primera estrategia de batallar espiritualmente por ese lugar alto en oración en el Espíritu. Luego, una de las hermanas tuvo un sueño en el que veía una gran cantidad de topos abriendo túneles como si estuvieran trabajando en un plan. Le pedimos al Espíritu Santo que nos revelara el significado de este sueño, pero no lo tuvimos en ese momento. Sólo sentimos la dirección del Señor para orar y atar, declarando que todo lo que se estuviera maquinando en la oscuridad, Dios lo traería a la luz. A la semana nos enteramos que el gobierno municipal y el ejército habían descubierto un tremendo plan de la guerrilla para tomar la ciudad de Cali. Todo lo habían estado planeando en lugares estratégicos que hicieron debajo de la ciudad en túneles subterráneos. Su centro de operaciones estaba situado justamente en el cerro de las «tres cruces» donde el Señor nos dirigió a que no «fuéramos» físicamente, pero sí con nuestras oraciones en el Espíritu. Nuestro Padre de amor respondió a nuestro clamor para que finalmente ellos no tomaran la ciudad.

En febrero de 1986, estuvimos orando contra un lugar alto de una iglesia católica de Cali. En ese altar se venera la virgen de los Rayos a la que por lo general llaman «La milagrosa». Allí tampoco fuimos físicamente, sino que oramos desde nuestra iglesia en intercesión.

A mediados de marzo de 1986, el Señor nos motivó a orar por Colombia basándonos en Ezequiel 47.1-12. Clamando para que la iglesia de Colombia se sumergiera en el río de Dios para traer sanidad a la nación directamente del santuario de Dios en comunión con Él.

También en marzo de 1986, se llevó a cabo en Cali el Primer Simposio Latinoamericano de alabanza y adoración, organizado por nuestro ministerio conjuntamente con la directiva de Estados Unidos. En la segunda noche, el Señor nos dirigió a salir con los asistentes del Simposio a la plazoleta de la Gobernación para interceder en ese lugar por las autoridades de la ciudad. Usamos banderas y estandartes simbolizando los nombres de Jehová a medida que marchábamos alrededor de la plaza. Estábamos usando la tercera estrategia de intercesión: la marcha.

Es importante aclarar que, junto con cualquier estrategia de rodear, marchar, subir, cantar, etc., nunca falta la de declarar y hablar la Palabra de Dios, que es la única arma (espada del Espíritu) que ha dado el Padre a su Iglesia para combatir al enemigo (el diablo).

En mayo de 1986, el Espíritu Santo nos llevó a gemir y llorar con llanto de luto, que es el significado de las balsameras (1 Crónicas 14.14-15; 2 Samuel 5.23-24), pidiendo perdón al Señor en nombre de los conquistadores que vinieron a Colombia, por las injusticias cometidas en este territorio, su dominio sobre nuestros indígenas que los trataron de esclavos y por la destrucción, las guerras y las muertes que ocasionaron. Luego atamos esos espíritus. El Espíritu Santo nos recordó la leyenda colombiana del Dorado, mostrándonos la relación entre sus dos personajes: «Bochica» (*Beelzebú*) y «Bachué» (*Astarot*). Intercedimos para destruir la influencia de esos dioses falsos sobre Colombia.

División de Colombia en siete regiones

El 14 de agosto de 1986 sentimos carga por la situación del orden público en Colombia. Entendimos que los filisteos se habían extendido por el «Valle de Refaim» (1 Crónicas 14.9). Pedimos perdón por nuestra falta de perseverancia y nuestra negligencia en la oración. Enseguida repasamos los pasos que el Señor nos había dado como estrategias de 1 Crónicas 14.8-14 (salir, subir, rodear) y volvimos a consultar a Dios para tener más claridad sobre los versículos 14 y 15 en relación con el estruendo sobre las balsameras. El Señor nos llevó a Josué 18.3: «Y Josué dijo a los hijos de Israel: ¿Hasta cuándo seréis negligentes para venir a poseer la tierra que os ha dado Jehová el Dios de vuestros padres?» Encontramos la respuesta en los versículos 3 al 6. Así como el pueblo de Israel delineó la tierra en siete partes y pidieron que Josué echara suertes delante de Jehová, dividimos nuestra nación en siete partes y buscamos la dirección del Señor para identificar el territorio que debíamos asignarle a cada tribu. Y estos fueron los resultados:

1. **Benjamín (Hijo de mi diestra)**: Chocó, Antioquia, Córdoba, Sucre, Bolívar.
2. **Simeón (Dios ha oído)**: Santander, Boyacá, Arauca, Casanare.
3. **Zabulón (permanecer, morar, habitar)**: Amazonas, Caquetá, Putumayo, San Andrés y Providencia.
4. **Isacar (asno fuerte; él traerá la recompensa)**: Atlántico, Guajira, César, Magdalena, Santander.
5. **Aser (ser feliz, dará deleite al rey)**: Nariño, Cauca, Huila.
6. **Neftalí (mi lucha)**: Valle del Cauca, Risaralda, Quindío, Caldas, Tolima, Cundinamarca.

7. Dan (Dios juzga): Meta, Vichada, Guaviare, Guainia, Vaupés.

Enseguida, el Señor nos llevó a elaborar un estandarte con el mapa de Colombia señalando estas divisiones. Cada material, color y proceso de elaboración seguiría una simbología espiritual. Fue así como se hizo de lino fino y blanco, llevando cada región uno de los siete colores del arco iris. Se tiñeron los pedazos de lino con tintes naturales y se cosió con hilo dorado el límite de cada región (Génesis 9.12-14). El lino simboliza santidad, los colores del arco iris el pacto de Dios con Colombia, el hilo dorado la presencia de Dios en cada región y el significado de los nombres de las tribus, esa característica sobre Colombia.

Con esta revelación establecimos una red de intercesión nacional para seguir orando por Colombia, por cada una de las siete regiones y para comunicarnos a nivel de coordinadores regionales a medida que el Señor nos fuera dando más estrategias de oración. En noviembre de 1986 organizamos el Primer Seminario Nacional de Intercesión en Cali.

Nuevas estrategias de intercesión

En junio de 1987, orando por las autoridades eclesiásticas de Cali, en nuestro departamento de Valle del Cauca, el Señor nos llevó a interceder para atar al hombre fuerte de esclavitud y dominio (que trajeron los españoles), así como a atar los espíritus de mezcla, oscuridad y tinieblas. Luego pusimos un mapa de la ciudad de Cali sobre el piso y lo rodeamos mientras íbamos hollando los espíritus.

Esto se hizo simbólicamente rodeando a la ciudad de Cali con nuestras oraciones para destruir las fuerzas del mal de esos espíritus que operan en la comunidad. De manera representativa también soplamos el viento de vida como arma de guerra (Éxodo 15.8-10) sobre Cali, a medida que íbamos nombrando cada uno de los barrios de esta ciudad. Después declaramos que la Palabra que Dios traería luz sobre la ciudad, concluimos con un tiempo de adoración y alabanza en el Espíritu.

En noviembre de 1987, organizamos el Segundo Seminario Nacional de Intercesión en Cali. Enseñamos nuevas estrategias que el Señor nos había dado, como:

1. La estrategia de intercesión por Colombia (2 Corintios 10.3-6; Ezequiel 21.3-17; Salmo 149.6-9).
2. La espada afilada de Jehová (2 Corintios 10.3-6).
3. El ariete (Ezequiel 4.2; 21.22; 26.29; 2 Samuel 20.15).
4. El viento/aliento (Ezequiel 15.8-10).

Para dicho Seminario, el Señor nos reveló la importancia de estudiar todo el contenido simbólico que había en nuestra bandera patria y en el escudo, y su relación con la simbología espiritual, para saber cómo orar contra las maldiciones que habían estado por siglos sobre Colombia. Al atar todos los espíritus de robo, violencia, bandolerismo, rapiña, saqueo, etc., representados en el escudo, declaramos y desatamos la promesa que el Señor nos dio el año anterior para el Primer Simposio Latinoamericano de Adoración. Esta promesa la hallamos en el Salmo 40.3: «Puso luego en mi boca cántico nuevo, alabanza a nuestro Dios. Verán esto muchos, y temerán, y confiarán en Jehová». No dice que al cantar lo oirán muchos, sino que lo «verán», es decir, verán la gloria de Dios en una nación que adora.

De esta manera el Espíritu de Dios nos ha guiado a orar y aplicar las estrategias que Él nos da. Hemos visto su fidelidad por la limpieza que viene haciendo en nuestro gobierno, quitando personas deshonestas, corruptas e inmorales, y descubriendo los planes de la guerrilla y el narcotráfico. Vemos el desmantelamiento del reino de las tinieblas en nuestra nación.

Ahora clamamos el Salmo 2.8: «Pídeme, y te daré por herencia las naciones».

Recientemente, Marcela me informó que durante los primeros seis meses de 1995 se desarrolló en Cali un poderoso movimiento de pastores, esposas de pastores y líderes. Estos comenzaron a reunirse para orar por la ciudad con una visión. La Junta Directiva de Pastores constituyó un Cuerpo de Ancianos de entre los pastores de la ciudad, para que laboraran como asesores de la Junta. Ese cuerpo de líderes se reúne semanalmente para orar por la ciudad.

Después de dos meses, se convocó a una vigilia de oración a la cual asistieron más de veinte mil personas. Dos días más tarde, cayó el cabecilla del Cartel de Cali, Miguel Rodríguez Orejuela. En menos de cuatro meses, se han capturado y están en prisión seis de los siete líderes del Cartel de Cali. Por ello, el presidente de Colombia, Ernesto Samper, declaró: «El Cartel de Cali ha muerto».

Dios contesta el clamor y la súplica de su pueblo.

Capítulo 16

LA GUERRA ESPIRITUAL EN ARGENTINA Y EL PLAN DE SALVACIÓN

Por *Edgardo Silvoso*

Edgardo Silvoso es el fundador de Evangelismo de Cosecha, una organización que radica en San José, California, establecida para ayudar a la iglesia de su país, Argentina. Edgardo y su equipo han desarrollado un prototipo bíblico para alcanzar ciudades enteras para Cristo. Es miembro de la «Red de Guerra Espiritual». Es graduado del Instituto Bíblico de Multnomah y autor del libro That none should perish [Que nadie perezca].

> **Porque no tenemos lucha contra sangre y carne, sino contra principados, contra potestades, contra los gobernadores de las tinieblas de este siglo, contra huestes espirituales de maldad en las regiones celestes (Efesios 6.12).**

Desatar

Un perplejo grupo de diáconos y el pastor de una iglesia bautista contendieron durante toda la noche batallando contra fuerzas poderosas que controlaban a una mujer. Los líderes de la iglesia jamás se habían enfrentado con algo semejante. Era una manifestación extraña y horripilante del poder diabólico desplegada por los espíritus que se habían posesionado de esta infortunada mujer. Desafiaban la auto-

ridad de los presbíteros y gritaban que nunca la dejarían. La mujer fue puesta en sus manos por un cirujano del pueblo cuya segunda personalidad era la de ser sacerdote de la macumba.

Interrogados por los que oraban, los demonios se jactaban de cómo habían adquirido el derecho de controlar el cuerpo de la mujer. Contaron cómo el médico había hecho una peregrinación a un templo brasileño de macumba adonde fue reclutado. Le instruyeron para coser fetiches microscópicos tales como pelos y pedazos de uña hechizados dentro del cuerpo de su paciente. Estos fetiches servían para que los demonios ejercieran un «control remoto espiritual», como los que se plantan dentro de las paredes de una embajada que se pueden activar o desactivar según la voluntad de quien los plantó.

Luchar

Una congregación de la iglesia de los Hermanos ubicada en la periferia de Buenos Aires, en un tiempo fuerte y próspera, sufren una amarga división. Líderes conocidos y amados por décadas se estaban atacando. Se encolerizan por todo y se lanzan acusaciones el uno contra el otro. Luego, después de cada explosión de violencia lloraban y se abrazaban. Ante una situación de esta naturaleza el presbítero principal presentó su renuncia, lo cual sirvió para que los que se quedaron pelearan disputándose el manto de liderazgo abandonado. Los miembros comenzaron a apartarse de la iglesia y una sensación de muerte se iba extendiendo por el ambiente.

El presbítero principal hizo un último esfuerzo antes de irse y convocó a un día de oración y ayuno en un centro de retiro a trescientos veinte kilómetros de la ciudad. Cuando las facciones opuestas se juntaron en oración y estudio bíblico, Dios comenzó a enseñarles sobre la guerra espiritual, sobre los poderes malignos y las autoridades geográficas de las tinieblas. Poco a poco, las verdades bíblicas comenzaron a surgir: la lucha no es contra carne y sangre, sino contra principados que se esconden en los seres humanos equivocados y ocultan sus propósitos bajo el disfraz de diferencias irreconciliables. A medida que transcurría el ayuno y la oración, los líderes se reconciliaban entre sí decidiendo someterse bajo la poderosa mano de Dios y prometiendo usar la autoridad espiritual que les daba el Señor «contra todo poder del enemigo», para poner específicamente un sector de la ciudad bajo esa autoridad espiritual. Reprendieron a los principados y fuerzas delegadas sobre esa región, y prometieron resistir al diablo hasta que huyera.

Pronto, después de regresar a su pueblo, se encontraron con una nueva convertida en su iglesia. Había sido líder en el centro espiritista ubicado en el sector de la ciudad puesto bajo la autoridad de Jesucristo. Confesó que trece de estos centros habían hecho un pacto para disolver la iglesia. ¡Habían estado «orando» (obviamente a Satanás y sus demonios) para que hubiera disensión entre los líderes cristianos! ¡Lo que estos hermanos líderes no comprendían al principio, es algo que ahora les transformaba a expertos del día a la noche en *guerra espiritual*! De inmediato, montaron una contraofensiva y en poco tiempo vieron a muchos que vivían en el sector, puesto bajo la autoridad espiritual de Cristo, hacer una confesión pública de su fe en Él. En menos de un año, una cruzada interdenominacional realizada en su pueblo, produciría más de setenta mil decisiones públicas de fe.

Liberar

Estos dos incidentes demuestran un fenómeno que en los últimos cinco años ha sido parte de la vida diaria de un gran segmento de la iglesia en Argentina: *la guerra espiritual*. Ya sea Carlos Annacondia, un evangelista laico, dirigiendo una cruzada unida, u Omar Cabrera expandiendo su congregación centrífuga de más de cien mil, o Samuel Libert, un destacado pastor bautista, proclamando las buenas nuevas, siempre dejan la misma huella: guerra contra Satanás y sus diputados. La oración intercesora por los que están atrapados en el mundo de las tinieblas acompañada por la orden de desahucio a los gobernadores de esas tinieblas. La metodología varía. Unos confrontan a las fuerzas demoníacas públicamente, otros en privado aprovechando las armas de oración antes de la campaña. Y otros lo hacen mediante una fuerte dependencia de la Palabra. Pero el resultado es siempre el mismo: el hombre fuerte atado y sus bienes, las almas que ha tomado cautivas, liberadas.

Si hay un elemento dominante que ha surgido en la teología y metodología de la evangelización en Argentina, diría que es la guerra espiritual. El convencimiento de que la lucha no es ni política ni social, sino espiritual. Ni lo es de los cautivos, sino contra los vigilantes de la cárcel, contra los principados, esos en autoridad en el reino espiritual.

La iglesia en Argentina ha aprendido a tratar con el victimario y no sólo con las víctimas, llegando de esta manera a la raíz del problema. Los resultados obtenidos respaldan la validez de este enfoque ministerial.

Un poco de historia

Desde sus comienzos, la iglesia en Argentina ha hecho grandes esfuerzos por alcanzar la excelencia en el ministerio. Ha producido predicadores como Fernando Vangioni, Samuel Libert, Alberto Mottesi, Carmelo Terranova, Luis Palau y muchos más que han sido un regalo a la iglesia a todo lo ancho y largo de la nación. Los fundadores de la iglesia en Argentina, independientemente de su denominación, dejaron una devoción imborrable hacia la doctrina sana y a las Escrituras.

Cada denominación principal estableció en sus inicios un Seminario o Instituto Bíblico. Además, la fibra espiritual de la iglesia se limpió y purificó en las llamas de la oposición. Pioneros como Pablo Besson, Erling Andersen, Carlos Rodgers y muchos otros demostraron que las buenas nuevas que predicaban, aun con riesgo de perder sus vidas, eran las mismas que vivían. Esta fue la herencia que dejaron a la primera generación de ministros argentinos.

A pesar de todo, la iglesia argentina nunca creció mucho. Con las excepciones de una explosión evangelística a mediados de los cincuenta cuando la predicación de Tommy Hicks sacudió Buenos Aires y luego un avivamiento cuando en 1962 el Dr. Billy Graham predicó en tres de las ciudades más grandes, la iglesia nunca vio un crecimiento acorde con la calidad de sus raíces. Las mayoría de las congregaciones tenían menos de cien miembros.

Entonces, en 1983, sucedió algo que lo cambió todo. El pastor veterano Alberto Scataglini invitó a Carlos Annacondia, un predicador laico, para tener una cruzada en la ciudad de La Plata. La iglesia local se preparó para tener doscientos nuevos convertidos, lo cual aumentaría la membresía en un cincuenta por ciento. Después de cuatro meses de predicar con denuedo la Palabra, creyendo profundamente en la realidad de la guerra espiritual, más de cuarenta mil personas hicieron decisión pública de seguir a Cristo. Nunca había sucedido algo así. Es más, al principio muchos ni lo podían creer.

Después de la cruzada en La Plata, Carlos Annacondia tuvo otra en Mar del Plata en la que hubo cerca de noventa mil decisiones para Cristo. Luego fue a San Justo donde setenta mil personas se entregaron al Señor. Ciudad tras ciudad fueron sacudidas por su predicación agresiva. Aun en la capital intelectual de Argentina, Córdoba, donde todos creían que iba a fracasar, se registraron más de cincuenta mil decisiones.

La iglesia local comenzó a usar la metodología de Carlos Annacondia con gran éxito. Este divide el servicio en cuatro partes:

- **Primera:** predicación de la Palabra con la invitación para aceptar a Cristo.
- **Segunda:** confrontación con las fuerzas demoníacas atándolas en el nombre del Señor y enviando a los más necesitados de ayuda, a una unidad de «cuidado intensivo» a cargo de ayudantes preparados.
- **Tercera:** oración por todas las necesidades de las personas.
- **Cuarta:** oración por todos los que se acercan al altar para dedicar sus vidas y ser llenos del Espíritu Santo.

Las iglesias pentecostales y carismáticas han adoptado esta metodología sin muchos cambios. Las iglesias más conservadoras lo han hecho a diferentes grados. Pero todas se han declarado en guerra contra el enemigo y los están combatiendo con todas las armas que tienen.

El resultado de esta disposición ha sido el desarrollo de congregaciones grandes. Asimismo, muchas ciudades se han sometido a la autoridad de Jesucristo y se han formado asociaciones ministeriales interdenominacionales. Estas asociaciones han dado lugar a que el Espíritu Santo se mueva sin estorbo como fueron los casos de Rosario, Santa Fe, Córdova y Resistencia.

Factores contribuyentes

Hoy en día, Argentina se reconoce como uno de los países con el mayor crecimiento de la iglesia en el mundo. Veamos algunos factores que han contribuido a este avance:

La unidad

La iglesia está unida, no sólo en el plano espiritual, sino también organizativamente. Por ejemplo:

ACIERA (Asociación Cristiana de Iglesias Evangélicas): bajo la dirección de Juan Terranova reúne un segmento prominente de iglesias neotestamentarias.

CEP (Confraternidad Evangélica Pentecostal): dirigida por Juan Passuelo, se considera otro factor clave que contribuye a la unidad del Cuerpo de Cristo.

En cada ciudad principal hay una asociación interdenominacional de ministros que promueve la unidad. Intentando explicar la razón para esa preciosa unidad, uno de los pastores ha dicho: «Cuando la cosecha es abundante, crece más alto que las cercas. Entonces, es imposible saber dónde comienza un solar y dónde termina otro. La cosecha es el resultado del Señor de la Cosecha. Él es el dueño de los campos».

Los puentes

El ambiente de unidad ha permitido que se realicen programas y actividades que construyen puentes entre las diferentes denominaciones.

El Puente, quizás este periódico interdenominacional sea el engranaje más visible. Este periódico organiza foros donde los cristianos de todas las denominaciones se reúnen para aprender unos de otros y luego volver a sus respectivas iglesias con una visión más amplia.

El Club 700, ha sido un instrumento para la unidad al abrir oficinas en ciudades clave y canalizar el fruto de sus programas a las iglesias locales. En muchos pueblos, las oficinas de este club fueron las precursoras de las asociaciones ministeriales.

MEI (Misión Evangélica Interamericana), fundada al finalizar la década de los setenta por gente joven, es una agencia que organiza retiros pastorales. Estos retiros sirvieron de base para realizar actividades como el congreso C.G.I. con el Dr. Paul Yonggi Cho, organizado por «Evangelismo de Cosecha» en 1987. Esta conferencia, celebrada en Buenos Aires, reunió a siete mil quinientos pastores y líderes de diferentes lugares.

Misiones Mundiales, es la destacada agencia misionera de Argentina que, al servicio de las iglesias y bajo el liderazgo de Federico Bertuzzi y Jonathan Lewis, comienza a enviar misioneros al extranjero.

El Espíritu Santo prepara la tierra

Los argentinos son una de las personas más soberbias en el mundo. La soberbia es el tropiezo más grande para poder recibir el evangelio. Pero Dios propinó severos golpes mientras preparaba la tierra para la reciente visitación del Espíritu Santo. Lo hizo mediante el quebrantamiento de tres falsas esperanzas: política, económica y militar.

Primero, la esperanza política desapareció cuando murió Juan Perón en 1973 y su tercera esposa no pudo cumplir con sus promesas, que en aquel tiempo tenían cautivada a la mayoría de las personas.

Luego, la esperanza económica quedó destruida cuando la dictadura militar, que depuso a la Sra. Perón, creó una insoportable deuda externa mediante corrupción y mal manejo.

Finalmente, la esperanza militar se perdió cuando estos mismos dictadores invadieron las islas Malvinas y sufrieron la derrota bajo las fuerzas inglesas. Cansado de estos fracasos, un segmento grande de la población buscó algo nuevo y sólo la iglesia tiene algo nuevo.

La guerra espiritual

Fue durante este tiempo que Dios levantó hombres como Carlos Annacondia, Juan Clementi, Alberto Scataglini,

Eduardo Lorenzo, Norberto Carlini y otros, a través de los cuales comenzó a resaltar la dimensión de la guerra espiritual. Omar Cabrera, que ha estado practicándola en silencio, se involucró en la corriente principal de la iglesia.

Poco a poco, utilizando la autoridad que el mismo Señor Jesús le delegó, la iglesia comenzó a retar los principados y potestades sobre Argentina. Cuando las iglesias ataban al hombre fuerte, sus cautivos se liberaban. Al crecer en el conocimiento de la guerra espiritual, las iglesias pronto reconocieron la realidad de los poderes territoriales.

Los poderes territoriales

En el otoño de 1984, un grupo de pastores y líderes del área de San Nicolás/Rosario, se congregaron en el Centro de Entrenamiento de «Evangelismo de Cosecha» en Villa Constitución. El tema era la guerra espiritual. Se dieron cuenta que ciento nueve poblaciones situadas en un radio de ciento sesenta kilómetros del Centro de Entrenamiento no tenían ningún testimonio cristiano y eso motivó la asamblea. Estudios preliminares indentificaron al pueblo de Arroyo Seco como lo que parecía la «sede de Satanás» para esa región. Desde algunos años atrás un brujo conocido con el nombre de «señor Meregildo» operaba en ese pueblo. Antes de morir, transfirió sus poderes a doce discípulos. Tres veces se abrió una iglesia en Arroyo Seco y tres veces se la cerró debido a la severa oposición espiritual.

Después de varios días de estudio bíblico y oración, los pastores y líderes, unánimes en un mismo sentir, pusieron todo el lugar bajo la autoridad del Espíritu Santo. Algunos viajaron a Arroyo Seco y situándose al otro lado de la calle de la sede de los discípulos del «señor Meregildo», notificaron a las fuerzas siniestras de su desahucio. Les comunicaron que estaban derrotadas y que el Señor Jesucristo iba a traer a muchos hacia sí mismo ahora que la iglesia estaba unida y comprometida a proclamarlo.

En menos de tres años, ochenta y dos de esos pueblos tenían iglesias evangélicas. Un reporte sin verificar indica que al presente todos estos pueblos podrían tener ya una iglesia o alguna clase de testimonio cristiano.

Otro caso es el de la ciudad de Adrogué. El pastor Eduardo Lorenzo es un líder de la iglesia bautista, hasta hace poco la única en esta progresista zona en el suburbio de clase media de Buenos Aires. Lorenzo notó que muy pocos de los miembros de su iglesia residían en Adrogué. La mayoría venía de otros pueblos. Se vieron como profetas sin honra en su tierra.

Entonces, en 1985, la iglesia patrocinó una conferencia sobre guerra espiritual dictada por el Dr. Ed Murphy. Luego, el Dr. John White visitó la iglesia y enseñó sobre el mismo tema. Poco después, una joven recién convertida causó un terrible desorden en una de las reuniones al dar señales de estar poseída por demonios. Durante el tiempo que Lorenzo ministró a esta mujer, llegó a saber que estaba bajo la influencia directa del príncipe dominante encargado de las tinieblas de alrededor de Adrogué. Cuando Lorenzo ejerció su autoridad espiritual, este príncipe reveló su plan de guerra que puso a Adrogué bajo su control. De inmediato, Lorenzo comenzó a enseñar guerra espiritual a la iglesia y a enfatizar, durante una semana, en la oración y el ayuno. El viernes de esa semana, la iglesia se reunió y tomó autoridad sobre el demonio principal. Muy pronto sintieron que hubo un quebrantamiento en ese reino espiritual. El mismo principado confesó que ya no tenía autoridad sin límite. Desde entonces, el cuarenta por ciento de los nuevos convertidos han venido de Adrogué. La iglesia que tenía una membresía de doscientos, ahora tiene seiscientos cincuenta y nueve.

Ahora hay también otra iglesia evangélica en el pueblo y muchos hombres de negocio y personas influyentes se han entregado a Cristo. El centro de poder del pueblo se ha trasladado a la iglesia como resultado de la aplicación de los principios de guerra espiritual.

Lo que ahora sucede en Argentina en el plano cristiano evangélico se centra en la atadura de los poderes territoriales. Ya sea Omar Cabrera orando y peleando la guerra espiritual antes de abrir una nueva ciudad, o Guillermo Prein estableciendo una congregación dinámica donde otros han fracasado, o Juan Azorín tomando el noroeste de Argentina para Cristo, el plan es el mismo: identificar primero a los poderes territoriales, luego retarlos y finalmente derrotarlos, para así liberar a miles de cautivos del dominio de Satanás y llevarlos al Reino de Dios.

En medio de este contexto se forma el «Plan Resistencia». Este plan consiste en lograr un evangelismo significativo y mesurable, basado no sólo en las técnicas de crecimiento de la iglesia, sino en lo que es más importante aún: la guerra espiritual.

Siete aspectos distintivos del Plan Resistencia

1. El redescubrimiento del principio de ganar el favor de las personas debido a la ministración de sus necesidades, sin tener en cuenta sus respuestas al mensaje del evangelio.

2. La obra conjunta de todo el cuerpo de Cristo en unión y sin ningún énfasis excesivo denominacional. Esto es posible debido al tremendo nivel de unidad que existe con muchos de los pastores en Resistencia.

3. La completa penetración de una ciudad un año antes de la campaña. Sólo podemos «llenar a Jerusalén con nuestra doctrina» si vamos de casa en casa.

4. La presentación del mensaje del evangelio que abarca todo lo necesario para que el nuevo creyente pueda bautizarse tan pronto como reciba la Palabra. Este es el plan en el libro de Hechos. Este enfoque requiere que el evangelista presente un mensaje evangélico que pone a la iglesia local al centro.

5. Estableciendo la fundación de nuevas iglesias y el número de bautismos como el criterio normal, en vez de la cantidad de cartas de decisiones, el Plan Resistencia ofrece una alternativa más bíblica a la antigua e ineficaz manera de contar cartas. Las iglesias locales son organismos vivos. Una vez formados, quedan establecidos. Dios ha bendecido a la iglesia local con los elementos para tener vida. Por otra parte, un creyente aislado no tiene esa ventaja.

6. Dirigiendo a los nuevos creyentes a su bautismo inmediato, proclamaran a los poderes que anteriormente los dominaban que su autoridad se ha transferido, que Jesucristo es su dueño y «nadie los puede arrebatar de la mano del Padre». Se espera que un gran número de los bautizados se quedarán en la iglesia como resultado de este plan.

7. Finalmente, estableciendo cien nuevas congregaciones, aun si son casas-iglesias chicas, un cimiento se establecerá para estar firmes, como dice Efesios 6.14, después de haber hecho todo lo posible.

Todos estos factores que hemos venido analizando han contribuido al auge de la obra del Señor en Argentina. Junto con el trabajo de evangelización se ha incorporado el desafío de los principados y potestades, proclamando el evangelio no sólo a las personas, sino también los carceleros espirituales que las mantienen cautivas. Los resultados son obvios.

Capítulo 17

LAS BATALLAS EN SANTA MARÍA Y FLORIANÓPOLIS

Por *Joao A. De Sousa Filho*

Joao A. de Sousa Filho es un guerrero de intercesión residente en Porto Alegre, Brasil. Joao fue uno de los participantes en el Primer Congreso de Guerra Espiritual en Seúl, Corea, en septiembre de 1993, y formó parte del grupo representativo del Brasil.

> ¿Quién se levantará por mí contra los malignos? ¿Quién estará por mí contra los que hacen iniquidad? (Salmo 94.16).

Santa María

Hace un tiempo enviamos a los hermanos una carta en la que pedíamos refuerzos en oración para la lucha contra las potestades espirituales que estaban sobre la ciudad de Santa María, con ocasión del Encuentro Internacional del Poder de la Mente y de la Nueva Era, en Río Grande Do Sul.

Este es un breve relato de lo acontecido en aquellos días y de cómo Dios actuó en respuesta a la oración de su pueblo.

Encuentro de oración y alabanza

La iglesia en Santa María recibió ayuda de varias partes del Brasil. De la ciudad de Belo Horizonte vino un autobús con cuarenta y cinco hermanos. Otros vinieron de Curitibá, Brasilia, Sao Paulo, Joinville, Porto Alegre y del interior del estado. Un buen equipo de jóvenes del grupo contacto de

Santa María, asesorado por sus pastores, coordinó el encuentro de oración y alabanza. Todos los que vinieron eran verdaderos guerreros de oración, hombres y mujeres valientes delante del enemigo. No temían obedecer sometiéndose a los coordinadores que tenían la estrategia de Dios para aquellos días.

Etapas del Encuentro

Etapa #1: Oración en lugares estratégicos

Esta etapa comenzó el domingo 13 de enero y finalizó el miércoles, cuando nos concentramos en el Campamento Bautista Gaucho. En este día, cinco equipos de cinco hermanos cada uno salieron para orar en lugares estratégicos de la ciudad. Unos fueron al «Parque Oasis», otros a la «Garganta del Diablo» y otros al hotel «Itaimbe», donde estaban los conferenciantes. Otro equipo fue a orar en el gimnasio «Santa María», lugar de conferencias del Padre Lauro, y el quinto equipo fue a orar en el «Ferrezao», un gimnasio municipal donde la iglesia se reuniría durante tres noches consecutivas.

¡Los resultados fueron inmediatos!

El grupo que estuvo en el hotel oró en varias habitaciones y por la lista de huéspedes. Se encontraron con un autobús que llegaba llevando a los participantes a la conferencia de la Nueva Era. Los hermanos sintieron que una mujer que venía en el autobús era «Valentina», una bruja del Paraguay que sacaba insectos de los cuerpos. Uno de los hermanos tuvo el valor de acercarse a ella y decirle, en el nombre del Señor, que no haría ninguna brujería en Santa María ni en el estado ni en Brasil, y que bien podría volver a su tierra.

Más tarde, en una de las reuniones, el Padre Lauro anunció que «Valentina» estaba enferma y que no podría participar en la Conferencia. ¡La principal estrella de la noche de los brujos fue atada por el poder de Dios y por la autoridad del nombre de Jesucristo!

El grupo que en la tarde oró en el gimnasio Santa María vio resultados en la noche del jueves. Esa noche se dañó el sistema de sonido, hubo un corte de luz por media hora, y el show musical duró solamente unos diez minutos.

Los que oraron en la «Garganta del Diablo» vieron los resultados cuando en la tarde del jueves un joven quiso suicidarse tirándose de un puente alto. No murió y fue hospitalizado, y los hermanos fueron a visitarlo más tarde.

Los hermanos que oraron en el gimnasio «Ferrezao» vieron los resultados cuando la iglesia se reunió en la noche del jueves y todo anduvo perfectamente sin que faltara la luz. ¡Y estaban a sólo dos kilómetros del gimnasio Santa María!

Etapa #2: Rodear al enemigo con oración

Otra estrategia de los hermanos fue colocar guerreros de oración que de dos en dos cercaron la cuadra donde se reunirían los participantes del Congreso del Poder y la Mente y la Nueva Era. En uno de esos días hubo un grupo de policías en la calle. Uno de los porteros dijo que los policías estaban allí porque los cristianos no dejaban que los congresistas se concentraran. ¡Pero los guerreros de oración estaban en silencio, orando en el espíritu y sin molestar a nadie! No estaban haciendo ninguna manifestación.

El jueves, todos los guerreros de oración ayunaron y se fortalecieron en el Señor Jesús.

Etapa #3: Acción directa

El viernes sería el día más importante del congreso de la Nueva Era y del Poder de la Mente. Durante la mañana, tarde y noche, los hermanos hicieron un círculo alrededor del gimnasio Santa María y permanecieron en oración. Varios hermanos se quedaron dentro del local del congreso orando y atando a los demonios. El viernes en la tarde, un grupo que asistió al congreso subió al palco junto con los conferenciantes. Cuando estos hicieron una cadena de «pensamiento positivo», ahí estaban los cristianos formando parte de esa cadena, orando en el Espíritu y... ¡nada pasó! La doctora María Lidia, una de las atracciones del congreso que haría a las personas retroceder a las vidas pasadas, presentó un aparato, una especie de «sensómetro», que medía la energía de la mente humana. El aparato estaba teniendo éxito, hasta que uno de los hermanos puso sus manos sobre él y el puntero del reloj subió hasta el rojo y quedó inútil. La sicóloga gritaba: «¡Saca tus manos de allí que va a explotar!»

La noche de los brujos fue un éxito total, no para los brujos, sino para el pueblo de Dios. Sabíamos que esa noche recibiríamos fortaleza por la oración de los hermanos de diversas partes del Brasil. Muchos hermanos entraron en el local del congreso para atar las brujerías desde adentro. Había equipos de oración alrededor del gimnasio orando sin cesar y en la iglesia (en el gimnasio «Ferrezao») los hermanos también alababan, lloraban. Otro equipo permaneció en oración en el campamento. Esa noche, las celebridades de lo paranormal iban a presentar un verdadero espectáculo. Eso es lo que estaba planeado. La bruja «Valentina», como dije, fue atada y no compareció. Uno de los conferenciantes era Juan Río. Se anunció que pintaría con los pies y tocaría el piano hipnotizado. Durante hora y media este hombre tocó el piano, pero no consiguió entrar en trance. Tampoco pintó. Se limitó a mostrar algunas diapositivas de cuadros que se suponía que los hubiera pintado él, con ocasión de visitas extraterrestres.

La asistencia al congreso fue disminuyendo. Esa noche no había la misma asistencia que la noche de apertura. Todo lo que se hizo fue tocar un sintetizador del cual cualquier músico podría sacar un excelente sonido.

Nuestros hermanos también se inscribieron para hacer un retroceso a las vidas pasadas, pero por haber muy poco tiempo, el padre Lauro pidió que la doctora Lidia hiciera retroceder solamente a su secretaria. Así quedaría todo en casa. Pero ella necesitaba de alguien que sostuviera la cabeza de su secretaria. Y, ¿saben quién estaba ahí para ayudar? ¡Un guerrero de oración!

Después de varias tentativas, la secretaria no lograba retroceder. Seguía en Río Grande do Sul. Ella dijo que no había podido retroceder porque la persona que sostenía su cabeza estaba repitiendo «¡fuera Satanás!» La doctora Lidia preguntó al guerrero de oración si esto era verdad, entonces él, tomando el micrófono, explicó a todos los participantes que aquello que acontecía en el congreso era contrario a la Palabra de Dios. Habló pausadamente y sin gritar, diciendo que la regresión no era algo de Dios, sino satánico, y que su presencia ahí, como cristiano, no permitía que ella retrocediese.

El director de la noche, el padre Lauro, intentó arrebatar el micrófono de la mano de aquel hermano, pero él no esperaba la reacción de la audiencia. Uno de los hermanos, en el auditorio, empezó a gritar: «¡Déjelo hablar!». Y pronto fue coreado por muchos de los asistentes que gritaban lo mismo. Se le permitió hablar un poco más y este con valor dijo que el medio que el anticristo usaría para manifestarse al mundo era el movimiento de la Nueva Era. Entonces, dos guardias lo bajaron del palco a la fuerza para detenerlo. Pero Dios usó a otro hermano fuerte que se presentó como autoridad (y realmente lo era) y lo sacó del local, protegiendo así su vida.

La noche de los brujos terminó sin brujería. Y aprendimos una lección muy importante: *la guerra espiritual se libra en las regiones celestes, pero la victoria depende de la osadía y valentía de la proclamación profética aquí en la tierra.*

Etapa #4: Evangelización

Como recompensa a nuestra lucha, Dios nos bendijo dándonos un congreso de oración donde todo transcurrió normalmente. Parte de la estrategia de Dios fueron tres noches de alabanza y adoración en el gimnasio Ferrezao. Luego este local lo iba a utilizar la Nueva Era con el objetivo de impedir el encuentro, pero nosotros lo utilizamos durante tres noches consecutivas. Como consecuencia, mucha gente que venía al congreso de la Nueva Era, por confusión y debido al cambio de locales, asistió al nuestro. Entonces, los hermanos evangelizaron a estas personas. Hasta ese momento, la iglesia de Santa María había tenido temor de confrontar aquellas potestades celestiales que se materializaban en la ciudad a través del poderío económico y sociopolítico. Con la ayuda que vino de afuera, los hermanos de esa iglesia se sintieron fortalecidos y se llenaron de valor y doble ánimo, para de ahí en adelante cumplir con su ministerio en esa área.

Etapa #5: Alabanza y adoración a Dios

El sábado por la mañana fuimos a la calzada de la ciudad en el centro comercial. Allí, frente a la Librería de la Mente, nos pusimos a alabar, cantar y adorar a Dios. Los que venían por un lado de la calzada se encontraban con un cartel que decía: «Los brujos no heredarán el reino de los cielos», y los que venían por otro lado se encontraban con otro cartel que decía: «No existe la Nueva Era, Jesús es aquel que era, es y será».

A la tarde, los hermanos hicimos una caminata desde el centro de la ciudad hasta el gimnasio Ferrazao. Por el ruido jubiloso que hacíamos, parecíamos diez mil personas y no pasábamos de las trescientas. Con gritos de guerra como «¡Jesús es nuestro Rey!» y con cantos de alegría alabamos y engrandecimos a Dios. Hubo danzas y júbilo por las calles de la ciudad. Al final de todo, sentimos que la ciudad fue tomada para el Señor y que los resultados se harían sentir en breve.

Le damos gracias al Señor por su ayuda, por su Iglesia y por la intercesión de su pueblo. La batalla continúa, ¡más la victoria es segura!

La batalla en Florianápolis

Como manifestamos en nuestro pedido de oración presentado anteriormente, los organizadores del Festival Internacional de Magia quisieron transformar la ciudad de Florianápolis en un gran aeropuerto paranormal donde aterrizarían los demonios y los brujos de todo el país. Harían magia, apariciones, levitaciones y los «dioses» se manifestarían.

En cuanto se supo que la ciudad sería entregada a los brujos (con el apoyo de muchas organizaciones, inclusive la prefectura municipal que esperaba tener grande lucro), desde el mes de mayo los hermanos comenzaron a colocar carteles por toda la ciudad proclamando: «Florianápolis, Isla de Jesús».

Todos los pastores de la ciudad tuvieron reuniones y planearon una estrategia para impedir la acción de los demonios en la ciudad. Gran parte de la iglesia se movilizó en oración. Los pastores apoyaron la venida de los hermanos de Brasil para ayudar en oración y evangelización: de Belo Horizonte vino un autobús de la Comunidad Ágape; de la ciudad de Porto Alegre, doce hermanos de JUCUM (Juventud con una misión) y tres pastores del Distrito Federal. Durante diez días estos hermanos se turnaron orando las veinticuatro horas y evangelizando tanto en el lugar de los eventos como en toda la ciudad.

No podemos dar detalles de muchos de los acontecimientos, pero procuraremos resumirlos para que se gocen en el Señor pues el pueblo de Dios salió una vez más victorioso.

Apertura del Festival

El viernes 9 de agosto, que era la apertura del Festival, llovió torrencialmente en la isla y el programa tuvo que ser alterado. En la ceremonia de apertura, artistas vestidos de demonios presentaron su show. Una mujer vestida de bruja se mantuvo siempre caminando por el área durante los diez días que duró el festival. Como espía de Satanás estaba atenta para ver y oír lo que los creyentes hacíamos o decíamos. Cuando ella se aproximaba a donde estábamos, cambiábamos de conversación.

En la apertura, un grupo Candombé desfiló, danzó e invocó a los demonios, pero nada pasó. Durante el festival notamos que a cada momento cambiaban a las personas en un intento de hacer descender a los orixas en el local. El ambiente era pesado y olía mal por la cantidad de velas prendidas y el incienso quemado. El pabellón tenía sesenta y dos tiendas donde se vendían cristales de cuarzo, pirámides, velas, decoraciones místicas y brujas de paja. También había consultorios de tarot, numerología, astrología, bola de cristal, videncia, quiromancia, barretas, madala, I-Ching, runas, masaje energético, barajas gitanas y todo tipo de consultas con la umbanda donde las personas podían escoger el tipo de «exu» (espíritu) que quisiesen.

Discurso del coordinador

El coordinador del encuentro, Eduardo Fonseca, dio su testimonio en su discurso. Contó que creció en la iglesia y estudió en un seminario. Completamente embriagado, trataba de convencer al pequeño auditorio sobre los orígenes teológicos de la isla de Santa Catalina. Dijo que su misión era volver a traer a la diosa Catarina de Alejandría para que gobernara en el estado. Prometió que durante el festival muchos podrían conocer personalmente a esta diosa. Todas las noches, con excepción de dos, se invocó a los orixas y a la presencia de la diosa, pero el festival finalizó y no hubo señal de ella. ¡Los ángeles de Dios la ataron en algún lugar de las regiones celestiales! El discurso sobre el poder de las pirámides, bien pudo haberse titulado «La maldición de las pirámides».

Resultados de la oración y evangelización

En medio de este ambiente místico, un grupo de hermanos se inscribió y puso un lugar de distribución de Nuevos Testamentos y folletos contrarios a lo que estaba aconteciendo. Había también un local para consultas, con el nombre *Yeshua* (Jesús).

Al día siguiente de la apertura, los hermanos «invadieron» la feria orando, espiando y evangelizando a los asistentes. Nuevamente se invocó a los orixas, pero nada aconteció. Estas invocaciones se repetían todas las noches, en diferentes horarios, pero nunca se manifestó «guía» alguno.

Algo asombroso sucedió. En esos días, un brujo de la orden de los magos de la Nueva Era fue evangelizado. En una de nuestras conversaciones con él delante de unas veinte personas, un hermano tuvo palabra del Señor y pidió al mago que mostrase sus brazos ya que este negaba haber hecho pactos de sangre. Frente a este desafío, el mago se subió sus mangas y mostró sus brazos con grandes cicatrices. Eran las marcas de sus extracciones de sangre.

Ese día descubrimos que durante la semana se había planificado un ataque contra los cristianos. El coordinador quería que se publicara un reportaje denunciando a los cristianos. La periodista que nos alertó dijo que era un complot de aquel hombre contra los evangélicos.

Comenzamos a observar que los brujos estaban dividiéndose entre sí. Los que daban consultas «espirituales» en las tiendas, no podían concentrarse debido a los tambores. Y no recibían los «espíritus» por causa de las oraciones de los creyentes. Eduardo Fonseca dijo que «Catarina» nunca permitía que la Isla quedase más de tres días sin sol, pero llovió durante cuatro días seguidos. Los magos se equivocaron en sus pronósticos. Los comerciantes estaban frustrados porque no podían vender sus productos. Conversamos con muchos de ellos y confesaron estar desilusionados por haber sido engañados con la promesa de lucro.

A partir del lunes, el coordinador fue destituido y en su lugar pusieron a una muchacha más asequible para los creyentes. Ese lunes Dios nos dio una gran lección. Todavía no nos dábamos cuenta que de las cuatro a las ocho de la noche, las pocas personas que visitaban el pabellón eran los creyentes. Cuando la televisión entrevistó a las personas pidiéndoles su opinión sobre el festival, solamente se encontraron con cristianos. Los macumberos, irritados por lo que veían, casi agredieron a los reporteros por lo que se dijo en ese reportaje de televisión. La periodista hizo muchos cortes en su reportaje eliminando las opiniones de la coordinadora. Además, desmintió lo de la agresión por parte de los cristianos. Luego comprobamos que lo que se presentó en el programa «Aquí y ahora» sirvió para alertar a la iglesia en Brasil, ya que muchos hermanos nos ayudaron en oración.

La respuesta no se hizo esperar, porque cuando la televisión enfocaba a una mujer que invocaba al espíritu «pombagira», la reportera pidió a un muchacho que sostuviera la cortina. Mientras levantaba la cortina, este muchacho levantaba sus manos invocando al espíritu. Más tarde, cuando se le preguntó, dijo que la «pombagira» nunca bajó y que eso no pasó de ser una simple invitación. Esto fue el comienzo de un pequeño tumulto en el que los macumberos se quejaban de que la presencia de los cristianos había impedido que los «guías» bajaran en el local. Ese lunes fue un día de gran batalla espiritual.

Una de las grandes conquistas fue la de Marco Antonio, un muchacho cristiano de la ciudad de Florianápolis, quien se inscribió para dar un discurso el lunes sobre «El poder del Espíritu Santo de Dios». Cada visitante en el auditorio recibió un ejemplar del Nuevo Testamento y escuchó atentamente la explicación sobre el asunto.

Tuvimos problemas con la policía que nos pedía salir del pabellón porque los macumberos estaban armados. Pero nosotros, en cambio, exigíamos que cumpliera su deber de proteger a los que no estábamos armados.

El martes 13 de agosto era el día de las brujas. Ese día la batalla alcanzó su apogeo, pero también fue un día de victoria. Por la mañana Dios nos reveló todo el plan de Satanás para atacar a los guerreros de oración. Les dijimos a los coordinadores (Marcelo, de Ágape, Marco André, de Flori y con el presidente del consejo de pastores Carlos Frandini) la orientación que el Señor nos estaba dando. Los macumberos preparaban una intriga contra la iglesia. Aconsejados por los demonios, planearon llevar a los reporteros y a la policía al pabellón con el objeto de crear confusión entre los hermanos. Dios nos dijo que ninguno debíamos estar allí antes de las siete y media de la noche, y que los guerreros de oración debían permanecer en el autobús, orando. También nos dijo que no debíamos aceptar la invitación del brujo Leonardo para ir a orar en la playa, porque preparaba una emboscada contra nosotros. A JUCUM también se invitó esa noche para presentar un drama sobre los dos reinos y el Señor nos dijo que todavía no era hora de hacerlo. El Señor nos abrió los ojos para ver el peligro.

A la tarde, fuimos con uno de los hermanos al local del evento y nos pusimos a orar en el automóvil, en el estacionamiento. Ahí estaban ya los reporteros y la policía, pero los cristianos no comparecieron. El plan del diablo se frustró y los reporteros se retiraron. A la noche, solamente tres de nosotros y algunos pastores de la ciudad estábamos en el local. Había poca gente. Llovía mucho. Podíamos sentir que los principados y potestades estaban atados. Nadie buscó a los «padres de santos» para consultas, ni ningún «guía» bajó. No se invocaron a los «orixas» y los tambores callaron. Los cristianos no aparecieron por ningún lado.

En la noche, ningún reportero, ni tampoco la televisión, quisieron acompañar al brujo Leonardo al rito de la playa. Finalmente ni él mismo fue. Los hermanos estuvieron en el local y en la playa en la tarde, y ataron a los demonios.

A partir del miércoles, los reporteros comenzaron a desinteresarse por el evento. La propia coordinadora tuvo una discusión con un reportero de la televisión, al enterarse de que su entrevista que acusaba a los cristianos no había salido al aire. Nos retiramos estratégicamente. A la tarde, los guerreros fueron a evangelizar en el centro de la ciudad y descubrieron que los brujos también andaban por allí. Esa noche oímos expresiones como: «Esta lluvia es por causa de los cristianos». Nuestra retirada estratégica irritó a los brujos. Invocaron de nuevo a los «orixas» y tampoco bajaron.

El viernes, los hermanos oraron y ayunaron durante el día en siete puntos estratégicos de la Isla. En el nombre de Jesucristo, tomaron posesión de aquellos lugares «consagrados» como habitación de los dioses de la Isla.

A la noche tuvimos un revés en la batalla que resultó en gran quebrantamiento para todos los guerreros. Un cristiano intentó dar un pase de entrada a otro hermano para que no pagase su ingreso. La bruja «guardia» lo vio y lo denunció a la dirección. Hubo mucha confusión. Los cristianos tuvieron que reconocer que se equivocaron, y hubo arrepentimiento y confesión. Cuento esto para demostrar que debemos estar siempre vigilantes, pues *una falla puede traer la derrota a toda una batalla.*

El sábado procuraron de todas las formas entronizar a Ewa o Catarina de Alejandría, pero ella no se manifestó. La invitación para el festival decía así: «¡Sorpresa! Todos los participantes tendrán la oportunidad de conocer personalmente a Neptuno, a Oba Olokúm (el señor de los mares) y Ewa, o sea Catarina de Alejandría, señora de la Isla de la Magia». Solamente que la sorpresa fue diferente: ¡No hubo sorpresa! En algún lugar de las regiones celestiales la oración de los santos de todo el Brasil ató con cadenas a estos demonios para que no pudieron bajar a la Isla. Para reforzar trajeron, especialmente para el sábado y el domingo, un famoso «padre de santo» del estado de Bahía, para hacer sus invocaciones, pero nada pasó. Había un batallón de ángeles sobre el local de tal manera que los demonios que estaban afuera no podían entrar y los que estaban adentro no podían salir. La mujer que invocó a Ewa quedó frustrada.

Ahora, vean lo que Dios hizo. El grupo de drama de JUCUM que vino de Porto Alegre, presentó en el festival de la magia el drama: «Los dos reinos». Hubo conversiones y las personas lloraban. ¡En medio de los brujos, Jesús fue proclamado Rey!

Durante el sábado y el domingo la estrategia fue diferente: llenar el pabellón con cristianos. Parecía que en algún momento había más cristianos que visitantes en el festival. El domingo, los hermanos llegaron más temprano. Hubo hermanos que pasaron todo el día hablando de Cristo ahí adentro. ¿Qué pasó? El grupo JUCUM volvió a presentar el drama de los dos reinos y más gente oyó el evangelio. Los hermanos ocupaban todos los espacios. Cuando los brujos, en una última tentativa, invocaron la presencia de Ewa, los hermanos hicieron un círculo alrededor de ellos y empezaron a cantar en voz baja: «En la presencia de los dioses a Ti cantaré alabanzas». Y luego, cantaron: «Jesús, te entronizamos, declaramos que eres Rey».

Cuando el festival terminó, los hermanos ayudaron a desmontar la tienda del brujo Leonardo y oraron por él. Que Dios salve a Leonardo.

El presidente de la FLORIBI que patrocinó el festival de los brujos, ofreció el pabellón para que los cristianos se reunieran.

Este es un resumen de aquellos acontecimientos. Queremos agradecer a todos los hermanos que nos ayudaron en oración.

Como resultado de esta guerra espiritual, el mundo supo a través de los diferentes reporteros, la diferencia entre las tinieblas y la luz. La hermanos de la iglesia salieron fortalecidos, los pastores más unidos y los brujos derrotados. ¡Ni un demonio aterrizó en la Isla!

Bendito sea Jehová, mi roca, quien adiestra mis manos para la batalla (Salmo 144.1).

Capítulo 18

EL CONFLICTO FINAL

Dios está urbanizando nuestro mundo e internacionalizando nuestras ciudades.

Ray Bakke,
Asociado Internacional de Lausanne,
Profesor del Seminario «Northern Baptist»

A principios del siglo diecinueve, se estima que un 2,4% de los habitantes del mundo residían en ciudades. Doscientos años más tarde, en 1990, el número de habitantes de las zonas urbanas es de un 47%.

El mundo está experimentando un vertiginoso crecimiento en sus ciudades. América Latina tiene las dos ciudades más pobladas del mundo: Ciudad México, que aumenta diariamente en 3,000 su población, y Sao Paulo, Brasil, que tiene un crecimiento de 2,000 personas diarias. Así mismo Buenos Aires, Bogotá y otras tienen el 20% de la población nacional. En Estados Unidos, ciudades como Los Ángeles, Miami, San Antonio, cuentan con una mayoría de residentes de origen hispano, y otras como Houston, Phoenix y Nueva York, tienen a los hispanos como la minoría más grande.

En su libro *Global Trends* [Cambios globales], Gordon Aeschliman dice:

> **El español es el lenguaje más hablado por cristianos alrededor del mundo y el inglés es el segundo. En el año de 1900 el 86% de los cristianos eran blancos, para el año 2000 esa proporción habrá disminuido al 39%[...] El poder**

> y la influencia del nuevo liderazgo cristiano se sentirá de varias maneras: las mayores escuelas teológicas estarán en Asia y Latinoamérica.[1]

Como dijimos en el capítulo «Nuestra misión en nuestra ciudad y en nuestra nación», Dios establece los lugares de nuestra residencia con el propósito de que le busquemos y sirvamos allí. Si en verdad Dios está internacionalizando nuestras ciudades, debo asumir que es parte del plan de Dios equipar a personas de toda raza, pueblo y nación para el último conflicto global a fin de alcanzar a los pueblos no alcanzados.

> La ciudad de México tiene más habitantes indígenas que los que hay en sus villas y aldeas. El 70% de la población de la ciudad de Toronto, Canadá, es de otras nacionalidades y las Naciones Unidas la llaman el sitio más internacional de la tierra. Los Ángeles, California, reúne a una población con más de 100 idiomas de primera generación. La escuela secundaria de Hollywood ofrece clases en 36 de estos idiomas. Es más, Los Ángeles es la segunda ciudad más grande vietnamita, mexicana, filipina, guatemalteca, salvadoreña y coreana.[2]

En 1987 se llevó a cabo en Sao Paulo el Primer Congreso Misionero Iberoamericano COMIBAM. En este congreso se declaró que Latinoamérica dejaría de ser un campo de misiones y se convertiría en un campo de misioneros. Hoy en día, el Movimiento de Cooperación 2000 se propone establecer una iglesia para cada mil personas en América Latina y capacitar a 10,000 misioneros para enviarlos a los pueblos no alcanzados.

---

1 Gordon Aeschliman, *Global Trends*, InterVarsity Press, 1990, p. 109.
2 *Ibid.*, p. 71.

Todo esto me hace pensar que Dios tiene un plan y propósito especial para el pueblo hispanoparlante en la década del noventa. Creo que los asiáticos y los hispanos serán el instrumento de Dios para llegar finalmente a los pueblos no alcanzados en la «ventana 10/40» en la última zona de combate.

Ventana 10/40

La primera persona que usó el término «Ventana 10/40» fue Luis Bush, un argentino, y tal vez el individuo más reconocido en el campo de las misiones. Es el director internacional del Movimiento AD 2000. Introdujo este concepto en la conferencia Lausanne II en Manila, en julio de 1989. El término proviene de una línea imaginaria trazada en la zona comprendida entre las latitudes 10^0 y 40^0 norte, o sea, el área que va desde el Japón y las Filipinas hasta Iberia y el norte de África. Es en esta área, a la cual llamaremos la última zona de combate, donde está el 95% de los pueblos no alcanzados.

Mi deseo es despertar interés y animar a mis hermanos hispanoamericanos y asiáticos para asumir un papel vital y significativo en el último esfuerzo global, y para participar en el prodigioso avivamiento que está surgiendo en esa área del mundo. (Véase apéndice, p. 213.)

> Hasta no evangelizar la ventana 10/40, la Gran Comisión continuará incumplida. Las naciones deben discipularse y los nacionales deben evangelizar a otros. Hasta que eso no suceda, la mayoría de estos 1,300 millones de personas no alcanzadas, más los 1,200 millones de las parcialmente alcanzadas, permanecerán aisladas del poder y la demostración del evangelio. Esto incluye a los musulmanes, budistas, hindúes y otros grupos religiosos que predominan en la «ventana 10/40».[3]

---

3 W. Perry, *A prophetic vision for the Philipines* [Una visión profética para las Filipinas], Harvest Publishing Co., 1992, p. xv.

Creo que el color de la piel, las costumbres, la alimentación (como el consumo de arroz), la capacidad para vivir en diferentes condiciones y aun el idioma, que tiene raíces árabes, nos facilitan el alcance misionero. Algunas palabras de nuestro vocabulario cotidiano como «ojalá» (la cual proviene de *og - alá* que literalmente significa «si Alá permite» tienen sus raíces en el idioma marroquí.

La tarea de evangelizar

> Poco es para mí que tú seas mi siervo para levantar las tribus de Jacob, y para que restaures el remanente de Israel; también te di por luz de las naciones, para que seas mi salvación hasta lo postrero de la tierra (Isaías 49.6).

Para lograr este objetivo es necesario, en primer lugar, identificar, comprender y ministrar transculturalmente a los pueblos o grupos que Dios está trayendo a nuestras ciudades. Al evangelizar nuestras ciudades estamos alcanzado a personas de otras naciones que Dios ha traído a las que, si es su voluntad, podrían enviarse a sus países de origen como misioneros.

En un artículo titulado «Evangelización y misiones, socios en la misma tarea», Alberto Mottesi, dice:

> Nuestra tarea es alcanzar al mundo para Cristo. Si lo vamos a lograr, tendremos que combinar esfuerzos, métodos, hombres y recursos. Especialmente, al pensar en las totalidades del mundo, evangelización y misiones tendrán que caminar de la mano.

Un aspecto preocupante en la tarea evangelizadora es que muchos evangelistas no conciben un movimiento evangelístico sin un gran público al cual hablar (iglesias unidas), un impactante programa que presentar y un amplio despliegue de publicidad. Lo triste es que en muchos casos, esa «cruzada evangelística» resultó mayormente un «refrigerio espiritual» de los ya convertidos.

Necesitamos incluir en las cruzadas, por ejemplo, el elemento de plantar nuevas iglesias. El evangelista del Nuevo Testamento no era solamente un sembrador de la Palabra, también era un sembrador de iglesias. ¿Cómo vamos a ocupar y alcanzar personas y ciudades estratégicas si no hay una combinación entre el empuje evangelístico y la táctica misionera? Necesitamos evangelistas que no sólo vayan a una ciudad donde todo esté listo y preparado por las iglesias unidas para escuchar su palabra. Necesitamos evangelistas que vayan también a áreas vírgenes, a pueblos sin alcanzar y que actúen como punta de lanza hasta penetrar un grupo humano y establecer una asamblea de creyentes dentro de él. Esto demandará cambiar la imagen del evangelista de un hombre que le gusta el espectáculo a un «guerrero conquistador».

La conquista del mundo

Otra cosa preocupante en la obra misionera es la mentalidad que generalmente ha permeado en este ambiente. Muchos misioneros han ido al campo a formar un «grupito», reuniéndolo en un «localcito». La mayoría de las veces en algún lugar desconocido de la ciudad y casi siempre tocando a los desposeídos sociales, que es la gente de menor resistencia y a su vez de menor influencia. Tenemos que desarrollar el concepto de *conquistar el mundo para Cristo*. El mundo en su totalidad, el mundo que incluye la política, el arte, el periodismo, el deporte, las universidades, los gremios obreros y los sectores ricos de la sociedad. Esta es nuestra tarea, ganar el mundo para Cristo, reconquistarlo para su gloria.

Evangelistas y misioneros, pastores y estrategas, tenemos un recurso sin igual: la intercesión. Espero que surja

un poderoso movimiento de intercesores, especialmente para los grupos humanos todavía no alcanzados. Y que la intercesión nos mueva a la acción para «reposesionar» el mundo para nuestro Señor.[4]

Nuestra generación quizás sea una de las últimas antes del regreso de Cristo. La responsabilidad de alcanzar a los perdidos está en nuestras manos. Mi deseo ferviente es despertar a la iglesia en Latinoamérica a la *unidad* y a la *intercesión* y levantar un reto para *conocer el corazón de Dios.*

> Porque de tal manera amó Dios al mundo, que ha dado a su Hijo unigénito, para que todo aquel que en Él cree, no se pierda, mas tenga vida eterna (Juan 3.16).

Este es el conflicto final: la proclamación del evangelio en todo el mundo y la conquista definitiva del reino de las tinieblas. La guerra espiritual y toda su estrategia tiene como único propósito la aceptación total de Juan 3.16. Entonces habremos ganado definitivamente la guerra en el nombre del Señor.

---

4 Alberto Mottesi, «Evangelización y misiones, socios en la misma tarea».

CONCLUSIÓN

Porque no hará nada Jehová el Señor, sin que revele su secreto a sus siervos los profetas. Si el león ruge, ¿quién no temerá? Si habla Jehová el Señor, ¿quién no profetizará? (Amós 3.7-8).

En medio de la crisis universal en la que vivimos, estamos experimentando el *kairos* (la hora de su visitación). No debemos ser como los líderes y habitantes de Jerusalén que no conocieron ni discernieron la hora de su visitación. Jesús lloró por la ciudad y por sus habitantes, pero estos sufrieron la destrucción de la ciudad porque rehusaron estar bajo sus alas.

Como en los tiempos del profeta Joel, el Señor nos llama ahora al arrepentimiento. Nos pide convertirnos con ayuno y lágrimas, nos exhorta a buscar su rostro y a salir de nuestros malos caminos. Derribemos las murallas que dividen su iglesia: los regionalismos, los sectarismos y las divisiones. El Señor necesita ahora un *ejército unido*.

Proclamemos una guerra de oración e intercesión por todas las naciones. Usemos las armas que nos han sido dadas y no cesemos de orar hasta no ver las bendiciones de Dios bajar de los cielos.

Dios desea que el poder de su Espíritu Santo consuma nuestros corazones quemando lo impuro y purificando nuestras vidas. Clamemos por los líderes que Dios ha levantado

en su Iglesia, clamemos por nuestras congregaciones y supliquemos por nuestras ciudades y naciones.

De una vez por todas y para siempre, abramos nuestros entendimientos y nuestros corazones para comprender que estamos en guerra, que aún no hemos llegado al cielo, que estamos en un campo de batalla. Aunque la victoria está asegurada, tenemos una larga y encarnizada batalla que pelear en este mundo. Esta es nuestra misión, no importa quiénes seamos o qué edad tengamos porque esa batalla real y cruda es nada menos que contra huestes de demonios y potestades de maldad muy poderosas. Aceptemos con gozo que Jesucristo es nuestro Capitán y que al guerrear bajo sus órdenes seremos más que vencedores.

> Por tanto, así dijo Jehová: Si te convirtieres, yo te restauraré, y delante de mí estarás; y si entresacares lo precioso de lo vil, serás como mi boca. Conviértanse ellos a ti, y tú no te conviertas a ellos. Y te pondré en este pueblo por muro fortificado de bronce, y pelearán contra ti, pero no te vencerán; porque yo estoy contigo para guardarte y para defenderte, dice Jehová. Y te libraré de la mano de los malos, y te redimiré de la mano de los fuertes (Jeremías 15.19-21).

APÉNDICE

(Los siguientes mapas se reprodujeron de:
MOVIMIENTO AD 2000 PARA EL MUNDO HISPANO.)

Grupos de Interés de Alcance 2000 Enfocan en la Ventana 10/40

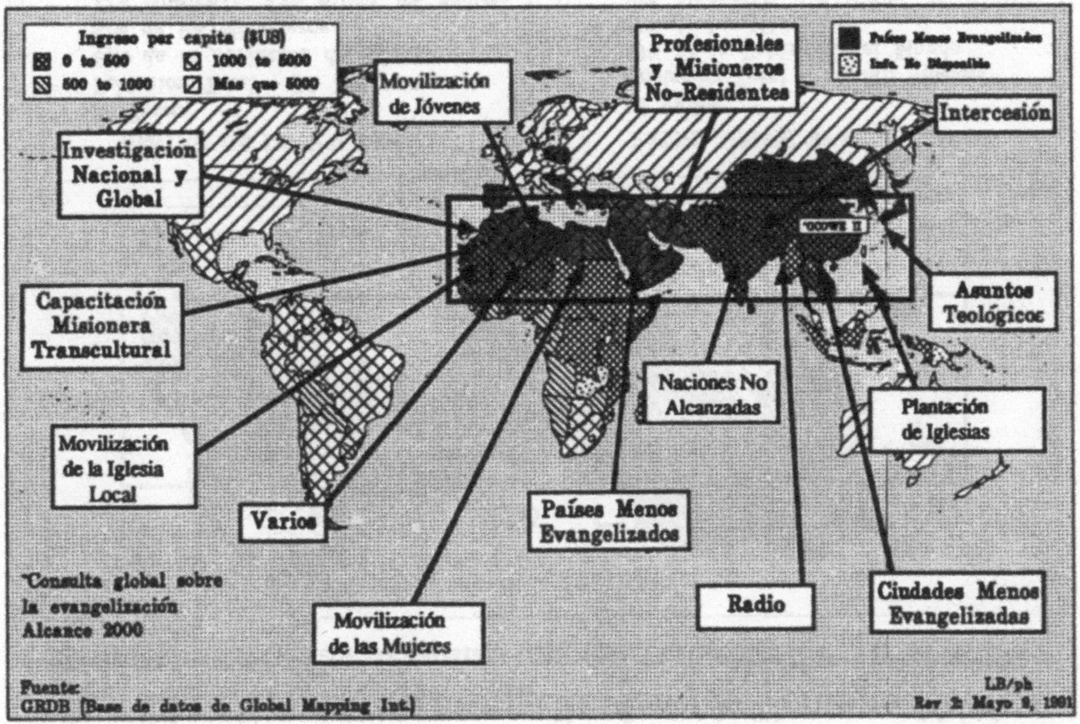

Los 55 países menos evangelizados y la Ventana 10/40

97por ciento de las personas menos evangelizadas viven aquí

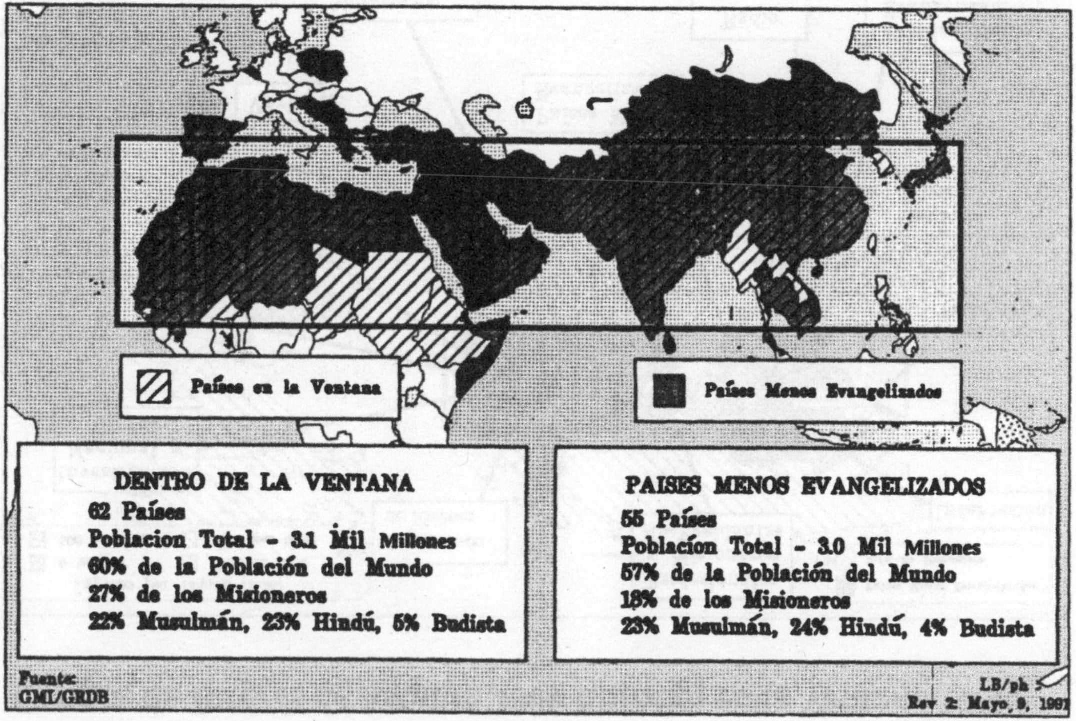

El Islam y la Ventana 10/40

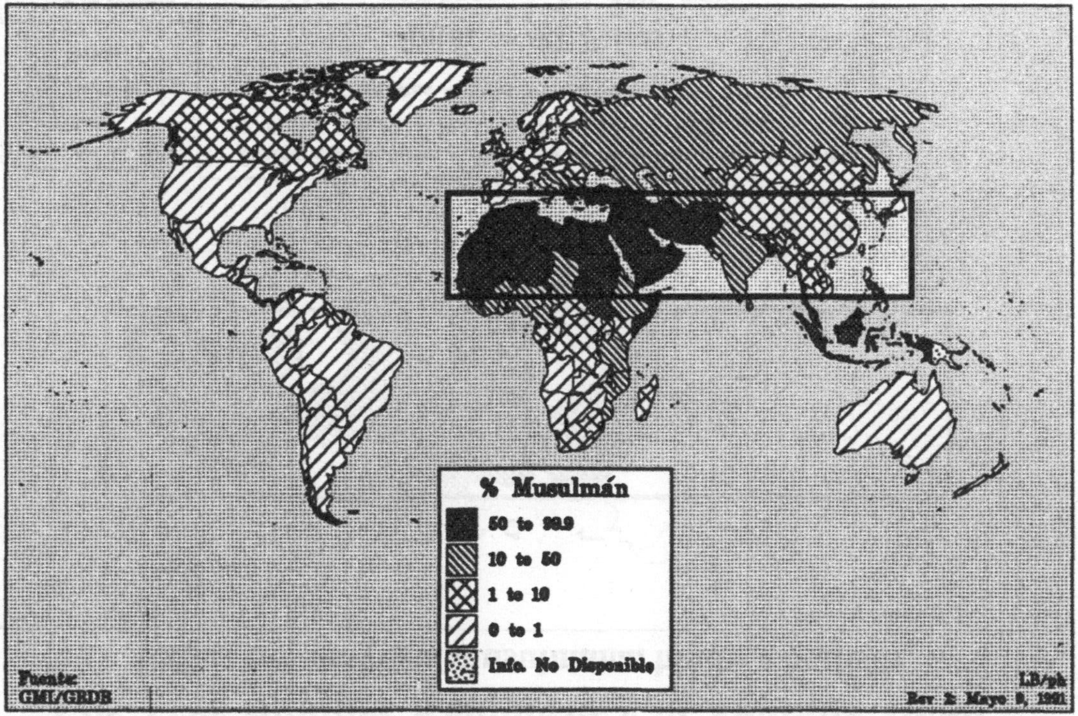

Los Tres Bloques Religiosos y la Ventana 10/40

Países con mayoría musulmana, hindú y budista

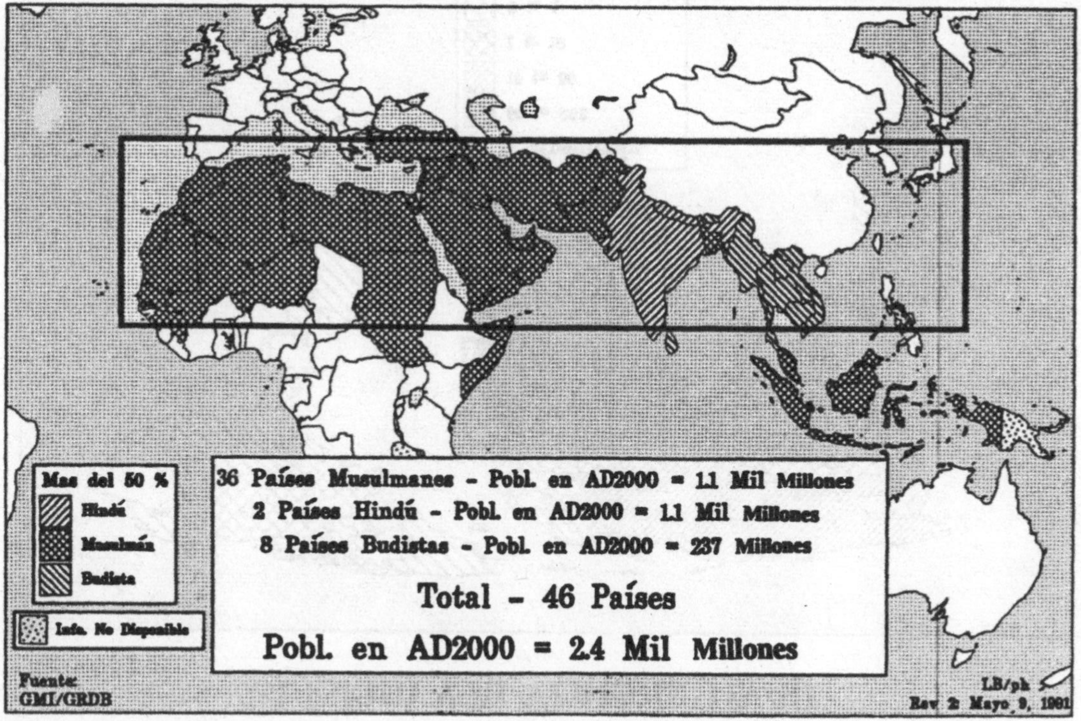

Los Países Más Pobres y La Ventana 10/40

82 por ciento de los más pobres de los pobres viven aquí

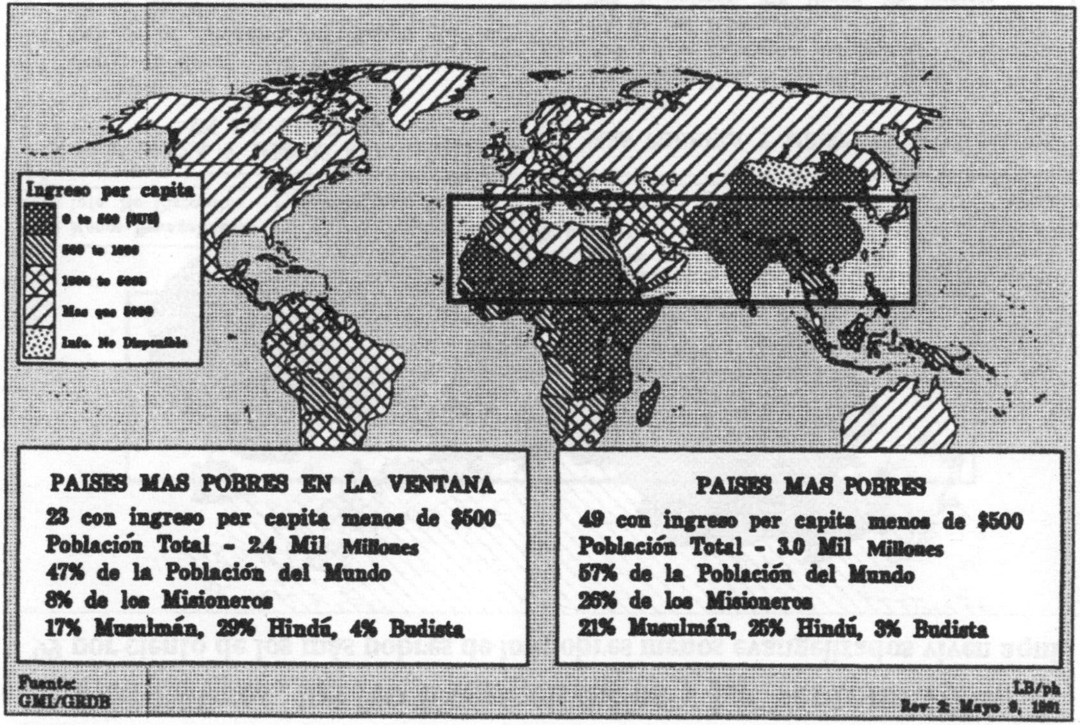

Los Pobres, los No Evangelizados y La Ventana 10/40

99 por ciento de los más pobres de los pobres menos evangelizados viven aquí

Calidad de Vida y la Ventana 10/40

84 por ciento de las personas con más baja calidad de vida viven aquí

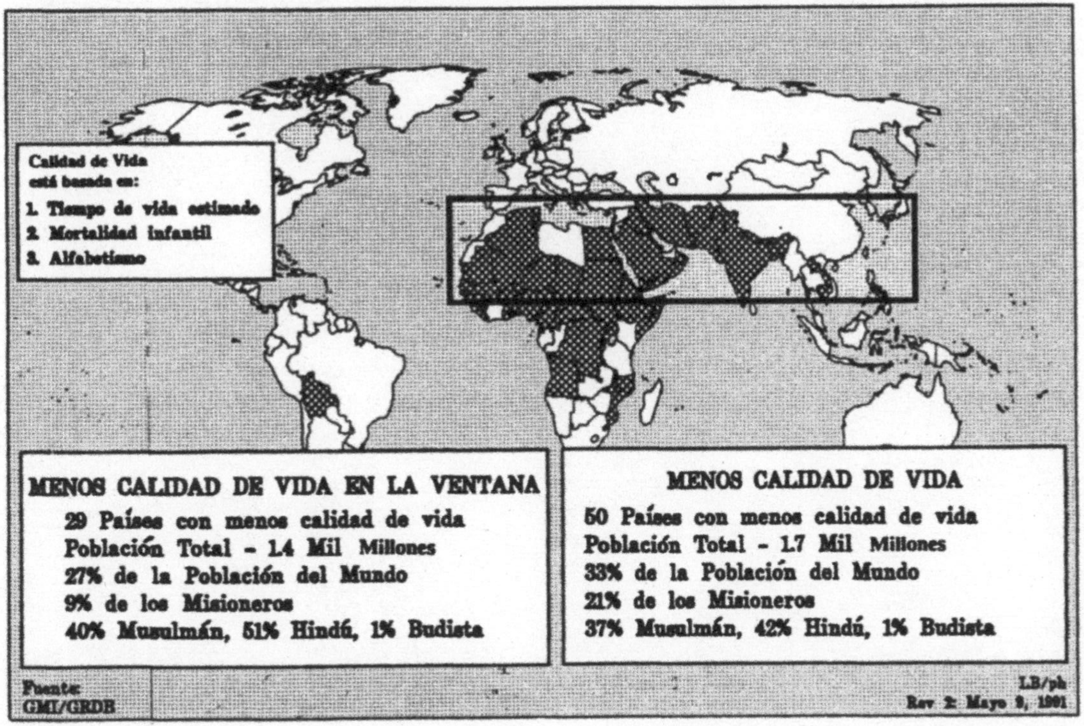

ACERCA DEL AUTOR

Héctor P. Torres
H.J.M. Ministerio Hispano Internacional

HÉCTOR P. TORRES nació en Bogotá, Colombia, y actualmente reside en Colorado Springs, Colorado. Cuenta con veintiún años de experiencia en varios cargos administrativos en el ramo bancario. Fue vicepresidente del *Security Pacific National Bank*, en Arizona. Ha traducido varios libros para la Fundación de Literatura Hispana Evangélica (CLIE). A menudo lo invitan a programas radiales y televisivos. Ha tenido programas hispanos en las estaciones KMLE y KRDS en Phoenix, Arizona. Debido a su ministerio, ha viajado por Norteamérica, América Latina y el sudeste de Asia. Es uno de los participantes de la Red de Guerra Espiritual convocada por los doctores C. Peter Wagner y Charles Kraft del *Fuller Theological Seminary—School of World Missions*.

Héctor Torres fue además Director Ejecutivo de la Asociación Evangelística Alberto Motessi y formó parte de su equipo de ministerio en América Latina. Sirvió como pastor de la iglesia *Palabra de Gracia* en Mesa, Arizona, durante nueve años. Actualmente, es el coordinador en todo Estados Unidos para los ministerios hispanos de *AD 2000*. Héctor Torres es también el autor del libro *Derribemos fortalezas*, un valioso manual de guerra espiritual de gran utilidad para la iglesia hispanoaméricana.

GUÍA DE ESTUDIO

LA MISIÓN

LECCIÓN 1

Capítulo 1
Las maldiciones del pecado

1. ¿Cuáles son las consecuencias del pecado?
2. ¿Cómo podemos ver la reconciliación que sana las heridas del pecado?
3. ¿Qué hizo Esdras para enfrentarse a la situación espiritual de su ciudad?
4. ¿A qué somos llamados para que Dios pueda obrar su objetivo sobre nuestras ciudades y naciones?
5. ¿Cuál es el resultado de las heridas y ofensas del pasado?
6. ¿De qué depende el destino de nuestras ciudades y naciones?

LECCIÓN 2

Capítulo 2
Los guardas de las ciudades y naciones

1. ¿Quiénes son los guardas o centinelas sobre las ciudades?

2. ¿Cuál es el requisito necesario para la reconciliación de una ciudad o nación?

3. ¿Cuál es nuestra misión en la obra de Dios?

4. ¿Qué precio debemos pagar para lograr la unidad?

5. Según Alberto Mottesi, ¿por qué no hay unidad?

6. ¿Cuál es la solución?

LECCIÓN 3

Capítulo 3
El arrepentimiento de las ciudades y las naciones

1. ¿Cuál es la voluntad de Dios para las ciudades y naciones?

2. ¿Qué hicieron Josué y Caleb para obtener la victoria en Jericó y Hai?

3. ¿Por qué fue posible la conquista?

4. Cite los ejemplos de Esdras y Daniel como intercesores.

5. ¿Qué reconocieron los profetas como la causa de las calamidades que le vinieron al pueblo de Dios?

6. ¿Qué hicieron para cambiar la situación?

LECCIÓN 4

Capítulo 4
Nuestra misión en nuestra ciudad y nuestra nación

1. De acuerdo a Hechos 17.27, ¿cuál es el propósito de Dios para todo ser humano?

2. ¿Por qué Dios nos envía a una ciudad y nación?

3. ¿Cómo podemos abrir las puertas de las tinieblas?

4. ¿Cuáles son los planes de Dios para toda ciudad y nación?

5. ¿Cuál es nuestra misión como Iglesia y pueblo de Dios?

6. Cite algunos ejemplos de las ciudades que el Señor va a «redimir sus dones».

LA CARTOGRAFÍA ESPIRITUAL

LECCIÓN 5

Capítulo 5
¿Qué es?

1. Cite tres definiciones del término «cartografía espiritual».

2. Entre otras cosas, ¿qué investiga y da a conocer la cartografía espiritual?

3. ¿Cuáles son los beneficios positivos de la cartografía espiritual?

4. ¿Qué clase de información se necesita para lograr desarrollar una estrategia de oración?

LECCIÓN 6

Capítulo 6
Antecedentes bíblicos

1. Cite los ejemplos de Moisés y Josué.

2. Explique la implicación espiritual de Ezequiel 4.1-8.

3. ¿Qué hizo Pablo para discernir la condición espiritual de Atenas?

4. ¿Cuáles son las tres preguntas que la cartografía espiritual debe contestar?

   a.

   b.

   c.

LECCIÓN 7

Capítulo 7
Babilonia, cuna del paganismo

1. ¿Cómo creó Dios los cielos y la tierra?

2. ¿Qué sucedió entre los pasajes de Génesis 1.1 y 1.2?

3. ¿Cuándo comenzó la guerra espiritual entre el Reino de la luz y el reino de las tinieblas?

4. ¿Quién fue el fundador de la ciudad de Babilonia y por qué se hizo famosa?

5. ¿Cómo se describe a Babilonia en Apocalipsis 18.2-3?

6. ¿De qué nos sirven estos conocimientos históricos?

LECCIÓN 8

Capítulo 8
Lugares altos

1. ¿Por qué la mayoría de los esfuerzos de evangelización han tenido un impacto muy limitado?

2. ¿Cuál es el significado de Monte de Sión en la Biblia?

3. Escriba el nombre de siete montes mencionados en el Antiguo Testamento y lo que ocurrió en cada uno de ellos.

   a.

   b.

   c.

   d.

   e.

   f.

   g.

4. **Escriba el nombre de seis montes o lugares altos mencionados en la vida de Jesús.**

   a.

   b.

   c.

   d.

   e.

   f.

5. **¿Cuál es el significado bíblico del término «montaña»?**

6. **Defina el significado bíblico de «montañas» o «lugares altos».**

LECCIÓN 9

Capítulo 9
Altares de sacrificio

1. **¿Para qué usaban los antepasados los «altares»?**

2. **¿Qué significado tiene el «derramamiento de sangre» para el cristianismo?**

3. **Nombre varias civilizaciones del continente americano conocidas por los sacrificios humanos.**

4. Nombre algunas civilizaciones indígenas del continente americano que continúan ofreciendo sacrificios humanos.

5. ¿Qué relación hay entre los lugares altos, la idolatría y los sacrificios con derramamiento de sangre?

EL MUNDO DE LAS TINIEBLAS

LECCIÓN 10

Capítulo 10
Los espíritus territoriales

1. Como cristianos, ¿qué llamado tenemos en cuanto a reconocer las cosas espirituales?

2. Defina el término «espíritus territoriales».

3. Escriba cuatro de los términos bíblicos usados referente a los poderes de tinieblas.

4. Defina el término «hombre fuerte».

5. ¿Qué relación existe entre los «espíritus» y los «territorios»?

6. Cite dos ejemplos de la influencia de la migración de diferentes pueblos y culturas.

7. Dé un ejemplo de cómo los «espíritus territoriales» cambian de nombre en diferentes sitios.

8. ¿Puede pensar en algunos ejemplos de espíritus territoriales en su ciudad, región o nación?

9. ¿De qué nos sirve poder identificar las fuerzas de maldad en nuestra comunidad?

10. Cite algunos ejemplos de figuras folclóricas de su país. ¿Tienen alguna relación con la religión de los antepasados?

LECCIÓN 11

Capítulo 11
El presente siglo malo

1. ¿Cuál es la condición que prevalece en el presente en la Iglesia del Señor?

2. ¿Cómo ejerce Satanás control sobre áreas y territorios?

3. ¿Qué relación existe entre las culturas indígenas y la religión del presente?

4. Cite ejemplos de algunos de los dioses de las regiones siguientes:

- **Los Andes:**
- **Centroamérica:**
- **Caribe :**

5. Defina el término «Cristo-paganismo».

6. ¿Cuál fue el resultado de la «mezcla» de las religiones indígenas, con la religión de la conquista y más tarde con las religiones de los esclavos africanos?

7. Defina el término «santería».

8. Nombre algunos de los «dioses» africanos , sus nombres «cristianos» y su influencia territorial o área de influencia.

9. ¿Qué dice la Biblia respecto a la idolatría y adoración de objetos? (Lea Jeremías 10.1-6.)

LECCIÓN 12

Capítulo 12
El laberinto

1. Defina el término «laberinto».

2. ¿Por qué muchas veces no podemos disfrutar las promesas de Dios?

3. ¿Qué es la «Nueva Era»?

4. ¿Qué es la «Macumba»?

5. ¿Qué es el «Candombé»?

6. ¿Cómo usa Satanás las filosofías para influir en el mundo?

7. ¿Cuál es el plan de la «Nueva Era» para la humanidad?

8. Nombre cinco organizaciones o sociedades secretas y su influencia en la sociedad.

9. ¿Qué es la «Masonería» y qué influencia ha tenido sobre la política de Latinoamérica? Nombre tres famosos masones y próceres de la independencia.

LECCIÓN 13

Capítulo 13
¿Cuán viva está la tradición?

1. ¿Cómo sigue viva la tradición?

2. ¿En qué se basa la hechicería?

3. ¿Cuáles son las consecuencias de la desobediencia en el caso de la idolatría?

4. ¿Cómo se posesionan los poderes sobrenaturales sobre un área geográfica?

LA BATALLA

LECCIÓN 14

Capítulo14
Estrategias para la batalla

1. ¿A qué se debe el prodigioso crecimiento de la iglesia evangélica en Latinoamérica?

2. ¿Qué se requiere de la Iglesia para que pueda cumplir el mandato de la Gran Comisión?

3. ¿Por qué las ciudades?

4. ¿Cuáles son las seis reglas para la batalla por una ciudad?

a.

b.

c.

d.

e.

f.

5. Señale las áreas en las que los intercesores deben buscar la revelación de Dios.

a.

b.

c.

d.

e.

f.

6. ¿Cuál es el deber de todo cristiano?

LECCIÓN 15

Capítulo 15: ***Desde las trincheras: Cali, Colombia***
Capítulo 16: ***La guerra espiritual en Argentina y el plan de salvación***
Capítulo 17: ***Las batallas en Santa María y Florianópolis***

1. ¿Cuáles fueron las estrategias para interceder por la ciudad de Cali, Colombia?

2. Cite los tres aspectos del plan de guerra espiritual en Argentina.

3. ¿Qué metodología usa Carlos Annacondia para tener éxito en sus campañas?

4. Cite los seis aspectos del «Plan Resistencia».

5. Cite las cinco etapas de la batalla en Santa María, Brasil.

6. ¿Cuál fue el resultado de la guerra espiritual en Florianópolis, Brasil?

LECCIÓN 16

Capítulo 18
El conflicto final

1. ¿Qué cambios están sucediendo hoy día en las ciudades y naciones?

2. Explique el término «Ventana 10/40».

3. ¿Cuál es el mandato de la «Gran Comisión»?

4. ¿Cuál es el conflicto final?